Königs Erläuterungen und Materialien
Band 46

Erläuterungen zu

Sophokles

König Ödipus

von Bernd Matzkowski

Bange Verlag

Über den Autor dieser Erläuterung:

Bernd Matzkowski ist 1952 geboren. Er ist verheiratet und hat drei Kinder.
Lehrer (Oberstudienrat) am Heisenberg Gymnasium Gladbeck
Fächer: Deutsch, Sozialwissenschaften, Politik, Literatur/Theater (in NRW in der Sek. II eigenes Fach mit Richtlinien etc.)
Beratungslehrer für Suchtprävention
Ausbildungskoordinator (Betreuung von ReferendarInnen, Abnahme von Staatsexamina)

3. Auflage 2004
ISBN 3-8044-1765-5

Satz: kobold layout initiative . bamberg . www.kobold-layout.de

Titelabbildung: Sophokles
Druck und Weiterverarbeitung: Tiskárna Akcent, Vimperk

Vorwort

Im Schuljahr 1998/1999 habe ich mich gemeinsam mit meinem Kollegen Frank Lengers und einer Gruppe von Schülerinnen und Schülern der Jahrgangsstufe 13 in einem Theaterkurs an die Inszenierung von Sophokles' Tragödie *König Ödipus* gewagt.[1] Natürlich ist der Vorschlag, dieses Drama in Angriff zu nehmen, zunächst auf Skepsis bei den Schülerinnen und Schülern gestoßen. Ein „uraltes Theaterstück", die Fremdheit des Stoffs und der Sprache, der wenig handlungsreiche Aufbau und Figuren, die weit von der Alltagswelt und dem Erfahrungshorizont der Gruppenmitglieder entfernt sind – all dies schien gegen eine Inszenierung zu sprechen. Dazu kamen die Zweifel, ob man den Ansprüchen eines solchen Klassikers der Theaterliteratur überhaupt gerecht werden kann. In der rund sechs Monate dauernden gemeinsamen Arbeit haben wir eine interessante Erfahrung gemacht: Die Schülerinnen und Schüler haben zusehends Spaß an der Arbeit gewonnen; das auf den ersten Blick so fremde Theaterstück wurde als spannend empfunden, die schwierigen Textpassagen, die Rededuelle der Figuren und die Auftritte des Chores wurden mehr und mehr zu einer Herausforderung, der sich die Schülerinnen und Schüler mit Ernsthaftigkeit und Vergnügen gleichermaßen stellten. Das Spiel, einmal in Gang gekommen, erzeugte Spannung, die Figuren waren auf einmal nicht mehr zweieinhalbtausend Jahre entfernt, sondern ganz gegenwärtig. Dies war nicht nur die Folge eines gruppendynamischen Prozesses, der sich beim Theaterspielen immer ergibt und ergeben muss, sondern auch Konsequenz aus der Qualität des

---

[1] Textgrundlage für unsere Inszenierung und diesen Interpretationsband: Sophokles, *König Ödipus* (Übersetzung und Nachwort von Kurt Steinmann), Reclam Universal-Bibliothek Band 630, Stuttgart 1989.
Bei Zitaten ab jetzt abgekürzt als KÖ.

Dramas, das die Schülerinnen und Schüler mehr und mehr in seinen Bann zog. Nun ist es immer ein Unterschied, ob ein Drama im Unterricht besprochen und analysiert oder, wie in unserem Falle, durch das eigene Spielen vom Drama zum Theaterstück wird. Im analysierenden Unterricht geht oftmals die Spannung verloren (oder baut sich überhaupt nicht auf), die wir gemeinsam mit unseren Schülerinnen und Schülern bei der „spielerischen" Erarbeitung des Dramas erfahren haben. Vielleicht gelingt es aber mit dieser Interpretationshilfe, einen Teil dieser Spannung zu vermitteln, die das Drama *König Ödipus* ausstrahlen kann. Und vielleicht gelingt es sogar, indem Verständnishilfen gegeben werden, Mut zur eigenen spielerischen Inbesitznahme dieses großen Dramas zu machen. Zu diesen Verständnishilfen gehören auch Hinweise zum religiös-kulturellen Kontext, in dem das Drama zu sehen ist, denn ohne diesen Kontext und Hinweise auf die Funktion des Theaters im Athen zur Zeit des Sophokles kann das Drama kaum verstanden werden. Neben einem Gang durch die Handlung des Dramas, Hinweisen zum Aufbau und zu den Figuren sowie zum antiken Theater und seinem religiös-kulturellen Kontext bietet der Band auch Hinweise auf den Mythos, die Ideenwelt der Griechen und ihr Verständnis von schuldhafter Verstrickung. Diese Hinweise sollen den Zugang zum Drama erleichtern und eine eigenständige Erarbeitung des Gehalts und der Form der Tragödie befördern helfen. Die Übertragung in die eigene Lebenswelt, die Beantwortung der moralischen und ethischen Grundfragen, die das Drama aufwirft, muss dem Rezipienten im Zuge des Lese-, Verständnis- und Aneignungsprozesses selbst überlassen bleiben.

1. Sophokles: Leben und Werk

1.1 Biografie

Jahr	Ort	Ereignis	Alter
497/96 v. Chr.	Athen	Sophokles wird als Sohn des Sophillos geboren; er entstammt einer vornehmen Familie, der Vater bezieht einen Teil seines Einkommens aus der Waffenproduktion; Sophokles erhält eine umfassende Ausbildung.	
450		*Aias*[2]	47
443		Schatzmeister des Attischen Bundes	54
442		*Antigone*	55
442/441		*Trachinierinnen*	55/56
441/440		Stratege im Samischen Krieg	56/57
429/425		*König Ödipus*	68/72
429		Stratege im Peloponnesischen Krieg	68
413		Mitglied im Rat der Probulen	84
413		*Elektra*	
409		*Philoktetes*	88
406		*Ödipus auf Kolonos* (uraufgeführt 401)	91
406/405		Tod Sophokles'	91

2 Hier können natürlich nur die Entstehungs- bzw. Aufführungsdaten der sieben erhaltenen Tragödien angegeben werden.

1.2 Zeitgeschichtlicher Hintergrund

Sophokles (**497/96–406/405 v. Chr.**) wurde in Colonus Hippius (heute: Athen) geboren und entstammte einer vornehmen Familie, die ihm eine umfassende Ausbildung angedeihen ließ. Er gehört, neben Aischylos und Euripides, zur Trias der großen Dramatiker der Blütezeit Athens. Ihm werden 123 Dramen zugeschrieben, von denen aber nur sieben erhalten sind: Neben dem Drama *König Ödipus* sind dies die Werke *Antigone*, *Ödipus auf Kolonos*, *Aias*, *Die Trachinierinnen*, *Elektra* und *Philoktet*.[3]

Aufführungen dramatischer Werke waren zur Zeit des Sophokles eine Art „literarischer Wettkämpfe".[4] Im März jeden Jahres fanden die **Großen Dionysien** statt. An diesen Festtagen wurden zu Ehren des **Gottes Dionysos**, des **Gottes des Dithyrambos** (altes griechisches kultisches Chor- und Reigenlied zu Ehren des Weingottes und anderer Götter; Dithyrambos war auch ein Beiname des Dionysos) und des **Theaters** Tragödien und Komödien aufgeführt.

Theaterstücke als Teil kultisch-religiöser Feiern

Eingebunden waren die Theateraufführungen in die kultisch-religiösen Festlichkeiten zu Ehren des Dionysos, deren Höhepunkt ein feierlicher Umzug durch die Stadt war, bei dem ein Holzbild des Dionysos von seinem Tempel im Lenäon durch die Stadt zu einem anderen Heiligtum getragen wurde. An den Großen Dionysien feierten die Athener Dionysos als Befreier

3 Die in diesem Abschnitt vermittelten Informationen zum politischen und gesellschaftlichen Leben in Athen im 5. Jahrhundert beschränken sich auf wesentliche, zum Verständnis der Epoche notwendige Angaben. Eberhard Schmidhäuser gibt die Zahl der Sophokles zugesprochenen Bühnenwerke mit 123 an (vergl. Schmidhäuser, S. 85). Sophokles' Konkurrenten Aischylos und Euripides sollen 90 bzw. 88 Tragödien geschaffen haben.

4 vergl. zu diesem Abschnitt u. a. Edgar Neis, besonders S. 12–16, Hermann Bengtson, Bd. 1, bes. S. 116–123 sowie Kurt Steinmann, Nachwort zu Sophokles, *Ödipus auf Kolonos*, S. 113–134

von den harten Wintertagen und von allen Sorgen und Mühen des Lebens.

Dialogisierung als Grundlage

Bestandteil der Festlichkeiten waren Knabenchöre sowie ein Festzug (Komos) mit Gesängen und Tänzen. Mittel- und Höhepunkt bildete der Dithyrambos, ein von 50 Männern und Knaben vorgetragener Chorgesang, verbunden mit dem Tanz um den Dionysos-Altar. Aus diesem kultischen Zusammenhang entwickelte sich im Laufe der Zeit das Theaterspiel, indem sich der Chorführer vom Chor absonderte, um die Gesänge und Tänze des Chores zu leiten, durch erzählenden Vortrag zu unterbrechen bzw. zu begleiten oder, Dionysos mimisch darstellend, mit dem Chor zu kommunizieren. Im sechsten Jahrhundert vor Christus stellte dann **Thespis** dem Chorführer und dem Chor einen weiteren Schauspieler gegenüber, so dass die Möglichkeit der Dialogisierung der Rede gegeben und damit die Grundlage für die eigenständige Entwicklung des Theaterspiels endgültig gelegt war, wobei Thespis dem Dialog zugleich eine feste metrische Form gab.

Zur Aufführungspraxis

Zu den Theateraufführungen an den Dionysien erschienen neben den Athenern Gäste aus ganz Griechenland, besonders aber Abgeordnete der Verbündeten Athens, die ihrer Tributpflicht nachkamen. Weitere Theateraufführungen gab es an den **Lenäen** (etwa im Januar), bei denen sich das Publikum aber auf das attische Volk beschränkte. Das Publikum der Theateraufführungen setzte sich ausschließlich aus den männlichen Freien der Stadtgemeinde (Polis) zusammen, Frauen und Sklaven waren nicht zugelassen. Zu den Dionysien fertigten jeweils drei Dichter eine Trilogie an (also ein aus drei Dramen bestehendes Werk) sowie ein Satyrspiel (Satyrspiele sind heiter-schwankhafte Nachspiele zu den Trilogien; Satyrn sind

Fruchtbarkeitsdämonen im Gefolge des Dionysos. Die Trilogie und das Satyrspiel bilden zusammen eine Tetralogie). Ein für das Fest verantwortlicher Beamter wählte im Spätsommer unter den bis dahin eingegangenen Bewerbungen die drei Tragödien- und fünf Komödiendichter aus, deren Dramen im folgenden Jahr zur Aufführung kamen. Jeweils eine Trilogie sowie das dazugehörige Satyrspiel wurde an einem Tag aufgeführt. Hinzu kamen fünf Komödien (während des Peloponnesischen Krieges allerdings nur drei), für die ein eigener Tag vorbehalten war, so dass es an den Tagen der Großen Dionysien zu insgesamt 17 Aufführungen kam und das Publikum täglich etwa acht Stunden im Theater verharrte.[5]
Den Aufführungen gingen sorgfältige Vorbereitungen voraus (u. a. Einstudierung des Chores), die allerdings nicht im Dionysos-Theater, sondern im Odeion unter Anwesenheit von Vertretern der attischen Behörden stattfanden.

Theater für die Polis

„Das Theater in Athen war eine Angelegenheit des Staates, weil ihm die Pflege des Dionysos-Kultes oblag. Vorbereitung und Aufführung waren durch Staatsgesetze geregelt. Der Staat wünschte das Theater und förderte es, verzichtete aber auf zensurierende Eingriffe, obwohl die Alte Komödie das Leben der Polis und die Regierenden in einem Maße karikierte und kritisierte, das heutigen Behörden unerträglich erschiene. Auf der Bühne regierte die Parrhesia, die uneingeschränkte Meinungs- und Redefreiheit. (...) Die Zuschauerschaft war sorgfältig entsprechend ihrer

---

5 Michael Grant gibt die Zahl der Zuschauer in den großen Theatern Griechenlands mit bis zu dreißigtausend an (vergl. Michael Grant, S. 282). Das Dionysos-Theater in Athen, am Fuße der Akropolis gelegen, fasste zwischen 14000 und 17000 Zuschauer. Nach Edgar Neis waren die Aufführungen durch einen anderen Organisationsplan als oben angegeben bestimmt. Am Vormittag wurde eine Tetralogie aufgeführt (drei Tragödien plus das Satyrspiel), am Nachmittag kam eine der Komödien zur Aufführung (vergl. Neis, S. 15).

6 K. Steinmann, S. 128 f.

rechtlichen und politischen Stellung auf die Ränge verteilt. Es war Theater durch die Polis für die Polis über die Polis."[6]

Nach den Aufführungen bestimmten zehn vom Volke ausgewählte Preisrichter die Sieger des Theaterwettstreits: Ausgezeichnet wurden ein Autor, ein Protagonist (ein Darsteller) und ein Chorege. Es gehörte zu den Ehren und Pflichten der reichen attischen Familien, das Gemeinwesen durch Zuwendungen zu unterstützen. Dies geschah vor allem durch die Finanzierung der Ausrüstung von Kriegsschiffen (Trierarchie) und durch die Ausstattung des Chores der Tragödien und Komödien (Choregie). Die Ausstattung des Chores (Gewänder etc.) war sehr prunkvoll und damit kostspielig. Ab etwa 300 v. Chr. übernahm der Staat die Gesamtkosten der Aufführungen. Der Chor setzte sich aus Athener Bürgern zusammen.

Sophokles und seine Bedeutung für die Entwicklung des Dramas

Über einen Zeitraum von rund 60 Jahren bestimmte Sophokles das Theaterspiel in Athen mit. Seinen ersten Erfolg erzielte er bereits als Achtundzwanzigjähriger, als er im Jahre 468 Aischylos erstmalig im dramatischen Wettstreit besiegte. Sophokles ging mehrfach als Sieger aus den Dionysien hervor, dazu kamen noch etliche Siege an den Lenäen sowie viele zweite Plätze. Dritter wurde er nie.[7] Für seinen *König Ödipus* trug Sophokles jedoch keinen Sieg im Wettstreit davon.[8]

Sophokles führte wesentliche Neuerungen bei der Tragödiengestaltung ein: Er ergänzte das Personal um einen weiteren Schauspieler (drei statt zwei Schauspieler; zuvor Einführung

7 Die Angaben über die Anzahl seiner Siege schwanken. Die Zahl reicht von 18 bis 24 bei Albin Lesky (Albin Lesky, S. 314) und 80 bei Bengtson (S. 120).

8 Sieger wurde vielmehr Philokles, ein heute nur noch namentlich bekannter Neffe des Aischylos (siehe Schadewaldt, *Hellas und Hesperien*. Bd. I, S. 423).

des zweiten Schauspielers durch Aischylos); diese drei Schauspieler teilten sich alle Sprechrollen, deshalb agieren nie mehr als drei Figuren gleichzeitig in einer Szene (vom Chorführer samt Chor sowie „stummen Rollen" abgesehen); gleichwohl ist bereits eine differenzierte Ausgestaltung der dramatischen Handlung möglich. Sophokles vergrößerte den Chor von 12 auf 15 Mitglieder (Choreuten) und er verfasste seine Tragödien als geschlossene Einheiten, löste sich also von der Vorschrift, eine Trilogie zu konzipieren, in der die Dramen nur im Zusammenspiel miteinander ihre Wirkung entfalteten. Sophokles führte eine malerische Ausstattung der Bühne ein, brach mit der Tradition, dass der Autor auch selbst als Schauspieler auftrat, und nahm Veränderungen im Bereich der musikalischen Elemente vor.

Die gesellschaftliche Stellung Sophokles'

Neben seiner umfangreichen Tätigkeit als Dramatiker war Sophokles auch kulturpolitisch und gesellschaftlich aktiv. Bereits als junger Mann wurde ihm die Ehre zuteil, den Chor zu leiten, der den Sieg in der Seeschlacht von Salamis besang.[9] In den Jahren 443/42 war Sophokles Hellenotamias (Schatzmeister des delisch-attischen Seebundes), im Jahre 441/440 war er Stratege im Samischen Krieg. Dieses Amt hatte er noch einmal 428 inne, in der ersten Phase des Peloponnesischen Krieges.[10] Sophokles gehörte zeitweilig (413/412) dem obersten Rat der zehn Probulen an, einer dem Rat (Bulé) vorgeschalteten Kommission, die nach der Niederlage der Athener auf Sizilien, als man die demokratischen Institutionen in ihrer Befugnis beschränkte, die politischen Geschicke Athens maßgeblich bestimmte. Zudem war er Priester des Heros Ha-

[9] In der Schlacht von Salamis besiegten die Griechen die persische Flotte unter Führung ihres Königs Xerxes.

[10] Die 10 Phylen Athens stellten jeweils ein Kontingent für das Fußvolk des Heeres. An der Spitze dieser Phylentruppen stand der Stratege.

Perikles und Athen

lon. Sophokles zählte, neben Herodot, Phidias und Protagoras, zum Kreis um **Perikles**.

Die attische Demokratie

Mit dem Namen Perikles (um 495–429 v. Chr.) ist die wirtschaftliche und kulturelle Blütezeit Athens ebenso verbunden wie die Entwicklung der attischen Demokratie. Perikles weitete die bereits von Ephialtes eingeleiteten Reformen (Zurückdrängung der Vormacht des Adels) konsequent aus. Die Volkssouveränität der Athener fand ihren Ausdruck in der **Ekklesia**, der Volksversammlung, der jeder (männliche) Athener angehörte, der im Besitz der bürgerlichen Rechte und mündig war. In der Volksversammlung wurden alle entscheidenden Beschlüsse gefasst (Bündnisfragen, Entscheidungen über Krieg und Frieden etc.). Der Volksversammlung zugeordnet war die **Bulé** (der Rat), der 500 Mitglieder zählte, 50 aus jeder der 10 **Phylen**, eine Art Gebietskörperschaft, in die Athen eingeteilt war.[11] Mitglied des Rates (Bulé) konnte jeder Athener Bürger werden, der älter als 30 Jahre war. Zur Zeit von Perikles wurde das Losverfahren zur Bestimmung der Mitglieder des Rates eingeführt; zudem durfte niemand mehr als zweimal Mitglied des Rates sein. Dadurch sollte die Beteiligung an der Entschlussfassung auf eine möglichst breite Grundlage gestellt und verhindert werden, dass sich Macht in den Händen weniger, immer wieder gewählter Personen konzentrierte. Der Rat fasste Vorbeschlüsse (die endgültige Entscheidung oblag der Volksversammlung), hatte aber auch eigenständige Befugnisse in bestimmten Bereichen des öffentlichen Lebens. Da die laufenden Amtsgeschäfte von einem Gremium, das 500 Mitglieder zählte, kaum sinnvoll zu bewältigen waren, wurde der Rat (entsprechend den 10 Phylen) in 10 Abteilungen (mit je 50

---

11 Die Mitglieder der Bulé waren vom Kriegsdienst befreit und bekamen einen Ehrenplatz im Theater.

Mitgliedern) eingeteilt, die in einem turnusmäßigen Wechsel als eine Art „geschäftsführender Ausschuss" fungierten. Aus der Mitte der geschäftsführenden Phyle wurde ein Obmann gewählt, der für einen Tag den Vorsitz in der Volksversammlung (Ekklesia) und der Bulé hatte.

Unterschiede zum heutigen Demokratieverständnis

Hinzuweisen ist an dieser Stelle darauf, dass die attische Demokratie nicht mit unserem heutigen Demokratieverständnis zu messen ist. Bei uns drückt sich die Volkssouveränität in der Wahl der Abgeordneten des Parlaments aus, das aus seiner Mitte wiederum die Regierung wählt (repräsentative Demokratie). Das Prinzip der attischen Demokratie ist das der direkten und unmittelbaren Entscheidung durch den Souverän, also das Volk. Einschränkend muss aber hinzugefügt werden, dass nicht alle Athener die gleichen Rechte hatten. So waren Frauen in den Gremien überhaupt nicht vertreten.

Zur Zeit des Perikles hatte Athen etwa vierzigtausend Bürger (mit vollen Bürgerrechten) und eine Bevölkerung von etwa einhundertfünfzigtausend Freien, von denen etwa die Hälfte in der Stadt selbst lebte. Dazu kamen etwa 70 000 Sklaven, von denen ein großer Teil (unter menschenunwürdigen Bedingungen) im staatlichen Bergwerk in Laurion arbeitete.[12]

Athen und der Delische Bund

Außenpolitisch wirkte Perikles vor allem durch die Erweiterung des Delischen Bundes, in dem sich viele der größeren Inseln der Ägäis und etliche Städte im Norden unter der Führung Athens zusammenschlossen, um die Verteidigungskraft gegen erneute Angriffe der Perser zu stärken. Mit der Führung im Delischen Bund gelangte Athen erst zu der Vormachtstellung, die es zeitweilig in Griechenland innehaben sollte. Über einen langen

12 Vergl. Grant, S. 276 f.

Zeitraum war Perikles die bestimmende Kraft Athens, ab 443 v. Chr. wurde er immer wieder zum „Strategen" gewählt. Sein Bauprogramm führte zur Neuerrichtung vieler zerstörter Tempel und Gebäude (u. a. die des Parthenons auf der Akropolis), unter ihm erlebten Kunst und Literatur eine Blütezeit.

Der Aufschwung, den Athen in wirtschaftlicher, kultureller, politischer und außenpolitischer Hinsicht unter Perikles nahm, war aber zugleich Ausgangspunkt für das Ende des perikleischen Zeitalters, sahen sich doch die Rivalen Athens (Sparta und der Peloponnesische Bund) zusehends mit einer Vormachtstellung Athens konfrontiert. Der Peloponnesische Krieg (ab 431 v. Chr.), in den sich auch auswärtige Mächte einmischten (Makedonien, später auch die Perser), führte zum Verlust der Macht des Perikles. Im Zuge der kriegerischen Auseinandersetzungen ordnete Perikles die Aufnahme der gesamten attischen Bevölkerung in den Mauern Athens an. Dies führte dazu, dass das Umland der Stadt den Feinden preisgegeben wurde und – noch viel folgenschwerer – in der Stadt selbst die Pest ausbrach; dies auf Grund der mangelnden hygienischen Bedingungen, die von der Ansammlung der vieltausendköpfigen Bevölkerung herrührten, die über zwei Jahre lang herrschte und der ein Drittel der Bevölkerung zum Opfer fiel.[13] Perikles wurde abgesetzt und gleichzeitig der Veruntreuung von Staatsgeldern angeklagt. Im Jahre 429 wurde er jedoch erneut zum Strategen gewählt, doch starb er bereits drei Monate nach seiner Wiederwahl an den Folgen der Pest. Der Bruderkrieg der Griechen aber zog sich noch über Jahre hin.

Athen im Krieg

[13] Bei der Pest, die in Athen auftrat, handelte es sich um die Beulenpest, die durch Flöhe und Ratten übertragen wird und auch unter dem Namen „Der schwarze Tod" bekannt ist (sie ruft auf dem Körper der Opfer u. a. dunkle Flecken und Pusteln hervor). Ursprünglich kam sie wahrscheinlich aus Äthiopien und wurde über die Hafenstadt Piräus nach Athen eingeschleppt, als die Bevölkerung des Umlandes sich im Zuge der kriegerischen Auseinandersetzungen in die Mauern Athens zurückzog.

Das Ende des „goldenen Zeitalters"

Im Jahre **406**, dem **Todesjahr von Sophokles**, errangen die Athener ihren letzten großen Sieg in der Seeschlacht bei den Arginusen-Inseln (zwischen Lesbos und Kleinasien gelegen), im Jahre 405 wurden sie jedoch vernichtend geschlagen. Im Jahre 404 kam es zum Friedensschluss, Athen dankte als Großmacht ab.

Sophokles hat nahezu die gesamte Zeitspanne des goldenen Zeitalters (das 5. Jahrhundert) von Athen erlebt; er war Zeuge des Aufstiegs seiner Stadt und des nahen Endes ihrer Vorherrschaft.

Seine Lebensspanne wird gerahmt von dem Krieg der Griechen gegen die Perser und vom griechischen Bruderkrieg, der seine letzten Lebensjahre bestimmte. Und gleichwohl ist sein Leben gekennzeichnet durch ein ungeheuer produktives Schaffen, das einzigartige Werke der Weltliteratur hervorgebracht hat. Er war, darauf wird in unterschiedlichen Quellen immer wieder hingewiesen, ein Liebling der Athener, geachtet von jedermann, respektiert als Politiker, vor allem aber als Dichter von seinen Zeitgenossen gefeiert wie kein zweiter.[14]

[14] vergl. z. B. Schadewaldt, *Sophokles und Athen,* in: Schadewaldt, *Hellas und Hesperien,* Bd. 1, S. 370. Über seine Todesursache gibt es keine genauen Angaben, sondern nur unterschiedlich Anekdotenhaftes: So soll er einmal an einer Weinbeere erstickt sein, dann heißt es, er soll aus Freude über einen Sieg bzw. vor Überanstrengung beim (lauten) Lesen seiner *Antigone* gestorben sein (vergl. A. Lesky, S. 315).

1.3 Angaben und Erläuterungen zu wesentlichen Werken

Bereits 17 Jahre vor der Aufführung des *König Ödipus* war Sophokles Tragödie *Antigone* aufgeführt worden, erst nach seinem Tod (406) kam das Drama *Ödipus auf Kolonos* zur Aufführung (es gewann 401 v. Chr. den ersten Preis). Alle drei Dramen greifen den Labdakiden-Mythos auf, wobei die als erste entstandene der drei Tragödien (*Antigone*) im Gang des mythischen Geschehens erst hinter den Ereignissen liegt, die in den beiden anderen Dramen präsentiert werden. Es handelt sich bei den drei Tragödien nicht um eine echte Trilogie, denn jedes der drei Werke kann für sich alleine stehen und aus sich heraus verstanden werden. Zwischen den Werken gibt es keine Wechselbeziehung, gleichwohl aber Verweise und Verbindungslinien, nicht zuletzt über die Figuren.

Am Ende der Tragödie *König Ödipus* steht der Entschluss Kreons, Ödipus nicht, wie von diesem verlangt und zuvor als Strafe für den Laios-Mörder verkündet, zu töten, sondern eine erneute Entscheidung der Götter einzuholen:

„*Kreon:* *(…) doch möchte ich*
Vom Gott zuerst erfahren, was man machen soll.
Ödipus: *Jedoch sein Spruch enthüllte sich ganz klar:*
Den Vatermörder, den verruchten, mich, zu töten.
Kreon: *So hieß es; und trotzdem, angesichts der Not, in der*
Wir stehn, ist's besser nachzufragen, was zu tun sei.“
(V. 1439 ff.)

Ödipus auf Kolonos

Ödipus wird nicht getötet, sondern in die Verbannung geschickt. Diese letzte Lebensphase Ödipus' zeigt das Drama *Ödipus auf Kolonos.* Ödipus, von seinen Söhnen Eteokles und Polyneikes und von seinem Onkel und Schwager Kreon verjagt, durchstreift, von seiner Tochter Antigone begleitet, das attische Land, bis er nach Kolonos gelangt (nordwestlich von Athen gelegen). Auf Kolonos kommt es zu einer Begegnung mit Polyneikes. Dieser ist, als er als der ältere der beiden Söhne seinen Anspruch auf die Herrschaft in Theben durchsetzen wollte, von Eteokles vertrieben worden, hat jetzt aber ein Heer um sich versammelt, das aus sieben Teilheeren besteht, die von sechs Helden und ihm selbst angeführt werden[15], und bittet seinen Vater, ihm zu verzeihen und sich ihm anzuschließen. Ödipus aber verflucht Polyneikes, macht ihn für sein jetziges Elend verantwortlich und sagt ihm und Eteokles voraus, dass sie durch die Hand des jeweils anderen getötet werden. Antigone bittet Polyneikes, von seinem Vorhaben, Theben anzugreifen, abzulassen, doch dieser bricht zum Feldzug auf. Ödipus sieht die Zeit seines Todes gekommen; er bittet Theseus, ihn ins Heiligtum der Erinyen zu führen. Dort wird Theseus Zeuge von Ödipus' Tod und Erhöhung zugleich. Die Götter rufen Ödipus zu sich. Über seinen Tod weiß der Bote zu sagen:

Ödipus' Erhöhung

„Ein Götterbote war 's, oder die Unterwelt,
der Erde dunkler Grund, der huldreich sich auftat.
Denn klaglos, ohne Krankheit, ohne Schmerz
ward dieser Mann entrückt, und wunderbar
wie sonst kein Mensch."[16]

Sehen wir am Ende von *König Ödipus* die Titelfigur im Elend, so ist er jetzt den Göttern nahe, mit ihnen versöhnt und durch sie erhöht vor allen Menschen („entrückt und wunderbar wie sonst kein Mensch").

---

15 Dies ist der Sagenstoff der „Sieben gegen Theben". Jedes Teilheer belagerte eines der sieben Tore Thebens.

16 *Ödipus auf Kolonos*, V. 1661 ff.

Antigone und ihre Schwester Ismene bitten Theseus, sie nach Theben zu senden, um dort den Bruderkampf zu verhindern. Dieser Bruderkampf hat bereits stattgefunden, als das Drama *Antigone* einsetzt. Wie ihr Vater Ödipus es vorausgesagt hat, haben sich Polyneikes und Eteokles im Zweikampf gegenseitig getötet. Kreon, der jetzt in Theben herrscht, hat verfügt, dass Polyneikes nicht beerdigt werden darf, weil er, unterstützt durch fremde Heere, die Stadt angegriffen hat. Diesem Befehl Kreons widersetzt sich Antigone, die göttliches Recht (Beerdigung) über weltliches Recht (die Anordnung Kreons) setzt. Als sie von Wächtern gefasst und vor Kreon geführt wird, streitet sie ihre Handlung nicht ab. Kreon verfügt, sie in einem „Gruftgewölbe“ einzuschließen, wo sie ihrem Schicksal überlassen werden soll. Der Seher Teiresias erscheint bei Kreon und fordert diesen auf, Polyneikes beerdigen zu lassen; als Kreon sich weigert, sagt Teiresias ihm voraus, dass aus seinem Hause ein Toter dem Totenreiche übergeben werde, weil er die Bestattung Polyneikes' verweigere. Der Chor fordert Kreon auf, Antigone aus ihrem Grab zu befreien. Als sich Kreon endlich dazu durchringt, muss er feststellen, dass er zu spät kommt. Antigone hat sich erhängt, und Haimon, ihr Verlobter und Kreons Sohn, tötet sich vor den Augen des Vaters. Als Eurydike, die Mutter Haimons und Frau Kreons, davon erfährt, bringt auch sie sich um. Die Weissagung von Teiresias hat sich erfüllt. Erneut, wie auch am Ende von *König Ödipus*, zieht der Chor eine Schlussfolgerung aus dem Geschehen:

Antigone

Einsicht ins Einhalten der Gottesgebote

„Von allen Glücksgaben ist Einsicht ins Recht
Die erste. Nie darf gegen Gottesgebot
Man freveln. Es tilgt sich vermessenes Wort
In unermesslichem Schicksalsschlag
Und lehrt im Alter noch Einsicht.“
(V. 1348 ff.)

2. Textanalyse und -interpretation

2.1 Entstehung und Quellen

Im Jahre 425 v. Chr. wurde Sophokles' Tragödie *König Ödipus* uraufgeführt.[17] Sophokles konnte bei seinem *König Ödipus* die Kenntnis des Sagenzyklus um die Labdakiden voraussetzen und hat einen einzelnen Abschnitt daraus dramatisch entfaltet.

Der Mythos und seine Bearbeitung

„Der Mythos ist die Summe traditioneller Erzählungen über die Beziehungen von Angehörigen sagenhafter griechischer Königs- und Fürstenhäuser untereinander und zu den Göttern. Diese Erzählungen, seit Jahrhunderten tradiert, sind für den Griechen ein Bestandteil seiner Bildung. Er ist mit ihnen groß geworden etwa in der gleichen Art, wie neuzeitliche Europäer bis ins 20. Jh. hinein mit der Bibel groß geworden sind. (...) Ein Großteil des Kunstgenusses der Zuschauer besteht darin, die Deutungen und Modifikationen, die der Dichter mit und an den kanonischen Versionen der Geschichten vornimmt, wahrzunehmen und zu würdigen. Die griechische Tragödie entfaltet sich infolgedessen – im Gegensatz zur Mehrzahl heutiger Theaterformen – aus einem vorgegebenen stillen Einvernehmen zwischen Dichter und Publikum über den Stoff und die ästhetischen Urteilsprinzipien.“[18]

Von Laios zu Ödipus

Gründer der Labdakidendynastie in Theben war **Labdakos**. Sein Sohn **Laios** war beim Tode von Labdakos erst ein Jahr alt, so dass

---

[17] Das antike Theaterspiel kannte, ganz im Gegensatz zur heutigen Praxis, kaum Wiederholungen. Jede Theateraufführung eines Dramas war insofern ein einmaliges festliches Ereignis.

[18] Latacz, S. 10

an seiner Stelle Lykos, einer der Spartoi, zum Heerführer ernannt wurde. Sein Bruder **Nykteus** machte sich zum König und regierte über zwanzig Jahre lang. Die Spartoi (gesäte Menschen) sind, dem Mythos nach, der Adel Thebens, der sich auf **Kadmos** zurückführen lässt. Kadmos besiegte einen wilden Drachen (einen Sohn von Ares), der eine Quelle bewachte. Auf Anweisung von Athene zog er dem Drachen die Zähne und säte sie aus. Aus den ausgesäten Zähnen erwuchs eine Schar Bewaffneter, die sich, als Kadmos sie mit Steinen bewarf, gegenseitig bekämpften und töteten, bis nur fünf von ihnen übrig blieben.

Antiope, die Tochter des **Nykteus**, gewann die Gunst des Zeus, flüchtete aber, um dem Zorn des Vaters zu entgehen, nach Sikyon und heiratete dort **Popeus**. Voller Verzweiflung tötete sich Nykteus, gab jedoch seinem Bruder **Lykos** zuvor den Auftrag, Antiope zu bestrafen. Lykos eroberte Sikyon und kerkerte Antiope ein. Diese gebar, entweder auf dem Weg nach Likyos oder nach ihrer Flucht aus der Kerkerhaft, zwei Söhne, **Amphion** und **Zethos**. Diese Zwillingsbrüder wuchsen, von einem Hirten aufgezogen, heran, töteten als Zwanzigjährige Lykos und dessen Frau Dirke, verbannten den mittlerweile ebenfalls herangewachsenen Laios aus Theben und traten selbst die Herrschaft an. Während seiner Verbannung freundete sich Laios mit **Pelops** an. Dessen Sohn **Chrysippos** entfachte auf Grund seiner Schönheit eine leidenschaftliche Liebe in Laios, und Laios entführte ihn. „Dieses Vergehen war die Wurzel des Fluchs, der sein Geschlecht nach zwei weiteren Generationen zugrunde gehen ließ.“[19]

Nach dem Tode vom Amphion und Zethos kehrte Laios in seine Heimat zurück und bestieg den Königsthron von Theben. Er heiratete **Iokaste**, die Tochter des Menoikos und

19 H. J. Rose, S. 179; diese zwei weiteren Generationen sind in Ödipus und dessen Tochter Antigone repräsentiert. Mit Antigone stirbt das Geschlecht der Labdakiden aus.

Schwester **Kreons**. Nun holt ihn aber die Verfehlung ein, die er an Pelops und dessen Freundschaft durch seine Beziehung zu Pelops' Sohn Chrysippos begangen hat. Apollon, der den Willen Zeus' verkündet, sagt voraus, dass Laios, wenn ihm Iokaste einen Sohn gebären würde, er von diesem Sohn getötet werden würde (vergl. die Aussage von Iokaste in *KÖ*, V. 707–714, S. 32).

Als Iokaste einen Sohn gebärt, durchstößt Laios ihm die Fußgelenke und befiehlt einem Hirten, den Knaben im **Kithairon-Gebirge** auszusetzen, damit er dort den Tod finde. Im Kithairon-Gebirge lagen die sommerlichen Bergwiesen der Hirten von **Theben** und **Korinth**. Dem thebanischen Hirten dauert das Schicksal des Knaben, und so übergibt er ihn, gegen den Befehl des Laios, einem Hirten aus Korinth. Dieser nimmt das Kind mit nach Korinth, wo es von dem kinderlosen Königspaar **Polybos** und **Merope** an Sohnes Statt angenommen wird. Auf Grund der Fußverletzung nennen Polybos und Merope den Knaben **Ödipus** (Schwellfuß).

Ödipus wächst in der Annahme heran, der leibliche Sohn von Polybos und Merope zu sein. Als er, bereits ein junger Mann, verhöhnt wird, kein legitimes Kind zu sein, befragt er das delphische Orakel. Apollon weissagt ihm, er werde seinen Vater töten und mit seiner Mutter Kinder zeugen. Um diesem Orakelspruch zu entgehen, verlässt Ödipus seine vermeintlichen Eltern und macht sich auf eine Wanderschaft. An einer Weggabelung trifft er auf Laios und sein Gefolge. Die Anweisung, den Weg freizugeben, missachtet Ödipus. Es entspinnt sich ein heftiger Kampf, in dessen Verlauf Ödipus König Laios erschlägt, nicht wissend, dass es sich bei ihm um seinen eigenen Vater handelt. Ödipus gelangt nach Theben. Die Stadt, nun ohne König, wird von der **Sphinx** bedroht, die jedem Vorbeiziehenden ein Rätsel aufgab und ihn tötet, wenn er das

Rätsel nicht lösen könne. Kreon, der stellvertretend für Laios die Regentschaft übernommen hat, bietet die Königswürde und die Hand seiner Schwester Iokaste demjenigen an, der die Sphinx[20] beseitigt. Ödipus stellt sich der Sphinx, löst ihr Rätsel, woraufhin sich die Sphinx in einen Abgrund stürzt. Theben ist befreit, Ödipus wird König und heiratet seine Mutter Iokaste. Aus ihrer Beziehung gehen zwei Söhne (**Eteokles** und **Polyneikes**) sowie zwei Töchter (**Antigone** und **Ismene**) hervor.
Nach einer langen Zeit seiner Regentschaft wird Theben von der Pest heimgesucht, die Felder werden unfruchtbar und die Frauen gebären keine Kinder mehr. Um der Ursache des Übels auf die Spur zu kommen, sendet Ödipus seinen Schwager Kreon nach Delphi, um das Orakel zu befragen. Kreon kommt mit der Antwort zurück, der Mörder von Laios müsse endlich gefunden und bestraft werden.
Ödipus setzt nun die Suche nach dem Mörder ins Werk und verkündet, dass der Täter verbannt werden soll. Energisch die Suche nach dem Mörder Laios' betreibend, kommt Ödipus seiner eigenen Tat auf die Spur und muss zudem entdecken, dass er, wie das Orakel vorausgesagt hatte, nicht nur der Mörder seines Vaters ist, sondern auch mit seiner eigenen Mutter Kinder gezeugt hat. Voller Verzweiflung blendet er sich mit den Gewandspangen Iokastes, die sich, als die Wahrheit ans Licht gekommen war, erhängt, und lässt sich von Kreon in die Verbannung schicken. Mit Ödipus' Verbannung durch Kreon endet die sophokleische Tragödie *König Ödipus.* Seine letzten Lebensjahre verbringt Ödipus, begleitet von Antigone, auf Kolonos in Attika. Rose weist darauf hin, dass es sich hierbei

20 Die Sphinx ist eine ursprünglich aus dem orientalischen Raum kommende Sagengestalt, die in die griechische Mythologie Eingang gefunden hat (vergl. M. Grant, S. 282). Zu ihrem Aussehen, ihrem Rätsel sowie der Antwort von Ödipus siehe *KÖ*, S. 67 f. und auch H. J. Rose, S. 180 f.

um eine attische Version des Mythos handelt, die aus dem Wunsch entsprungen sei, Ödipus für Athen beanspruchen zu können. Eine Variante des Mythos geht davon aus, dass Ödipus nicht in Verbannung ging, sondern sich vielmehr bis zu seinem Tode im Inneren seines Palastes in Theben einschloss. Bei dem Ausgang des Dramas in der Gestaltung durch Sophokles sowie im Drama *Ödipus auf Kolonos* handelt es sich dann um eine Modifikation des Mythos. Mit dem Mord am Vater und der Blutschande mit der Mutter verstößt Ödipus gegen zwei Tabus.

Variationen des Mythos

> *„Das letztere Tabu (Blutschande mit der Mutter, B. M.) ist das große, universelle, das in allen primitiven Gesellschaftsformen am meisten gefürchtet wird und überall als schreckliche Befleckung gilt. Der Vatermord war für die Griechen zwar kein so universelles Tabu, jedoch ein nicht weniger strafwürdiges Vergehen, denn er bedeutete , dass man verwandtes Blut vergoss. So repräsentierten diese zwei Tabus ihre Einstellung zu Leben und Tod in Hinblick auf verwandtes Blut: Es ist heilig und man darf weder damit zeugen noch es vernichten."*[21]

Zwei Tabus: Vatermord und Inzest

Durchaus strittig wird die Frage beantwortet, welche Bedeutung den Zeitumständen für die Entstehung von Sophokles' Tragödie *König Ödipus* zukommt. Wenn Kurt Steinmann darauf hinweist, dass Sophokles' Drama *König Ödipus* in einer Phase schwerer staatlicher und – daraus folgend – auch persönlicher Krise entstanden ist, so liegt die Vermutung eines Zusammenhangs mit dem Peloponnesischen Krieg, dem Ausbruch der Pest in Athen und dem Sturz und dem Tod von

Die Entstehung des Dramas und die Zeitumstände

21 Feldmann zitiert nach Diller (Hg.), S. 375 f.

Perikles nahe, ist das Drama doch zwischen 429 und 425 v. Chr. entstanden.[22] Wenngleich Sophokles' Drama in Theben angesiedelt ist, so ist der thebanische Staat, gleich Athen zur Zeit der Absetzung Perikles', unter Führung von Ödipus doch in einer Krise, die der Chor im 2. Stasimon beklagt (vergl. *KÖ*, Vers 863–910, S. 38–40). Und zu Beginn des Dramas weist der Priester darauf hin, dass die Pest die Stadt verwüste: „(...) und dazu sprengte der Feuer tragende Gott heran und quält – die Pest, die urverhasste – die Stadt." (*KÖ*, Vers 28–29, S. 5). Elias Canetti schreibt in diesem Zusammenhang: „Unter dem Eindruck der Pest entstand der erste Ödipus, unter der Drohung des Untergangs der zweite." Schadewaldt formuliert: „Es wäre doch seltsam, wenn das Stück, das so mit der Pest anfängt, nicht Bezug auf diese reale Pest hätte, zumal es sehr wirksam war, wenn es mit etwas begann, das die Athener so genau kannten." Über die Bedeutung der Pest schreibt Thalia Phillies Feldmann:

> *„Die Bedeutung der Seuche ist eher im Dramaturgischen als im Religiösen zu suchen, denn Sophokles scheint zu unterstellen, dass das Athen des fünften Jahrhunderts in den Seuchen längst nicht mehr die natürlichen, unausbleiblichen Begleiterscheinungen von Tabuverletzungen sieht."* [23]

Frühere Bearbeitungen des Ödipus-Stoffs

Sophokles war jedoch nicht der erste Dichter, der sich mit dem Schicksal von Ödipus auseinander setzte, sondern er hat den mythologischen Stoff auf seine Weise dramatisiert. Die alten Mythen waren Material aus dem Strom des

---

22 vergl. *KÖ*, S. 74

23 Elias Canetti, *Die Fliegenpein*, zitiert nach *Ödipus auf Kolonos*, Nachwort, S. 114; mit dem „zweiten Ödipus" ist die Tragödie *Ödipus auf Kolonos* gemeint; Schadewaldt, *Die griechische Tragödie*. Tübinger Vorlesungen, Bd. 4, S. 269; Feldmann, zitiert nach Diller, S. 380. Der Hinweis auf die Pest zu Beginn des Ödipus-Dramas kann allerdings auch als literarischer Topos verstanden werden.

Erzählens, dass die Autoren (auch vor Sophokles) auf eine jeweils eigenständige Art und Weise bearbeiten und damit auch deuten konnten. Die Entstehungszeit der Mythen lässt sich nicht datieren; erst verschriftlichte Bearbeitungen, die selbst wiederum bereits Deutungen und Varianten enthalten, machen zeitliche Fixierungen überhaupt möglich.

Homers *Odyssee*

Eine der bekanntesten Quellen ist die *Nekyia,* das 11. Buch der *Odyssee,* entstanden etwa um 700 v. Chr.[24] Bei einem Besuch im Hades begegnet Odysseus Iokaste (bei Homer Epikaste). Vatermord und Inzest werden als Elemente des Geschehens bereits angegeben, Ödipus muss aber, nach dem Ratschluss der Götter, weiter in Theben unter den Schmerzen der Schuld herrschen. Selbstblendung und (Selbst-)Verstoßung des Ödipus fehlen also als Motive.

In einem Abschnitt der *Ilias* (die Entstehungszeit wird im achten vorchristlichen Jahrhundert vermutet) wird eine Leichenfeier (Verbrennung) für Ödipus erwähnt, der wohl in einer Schlacht gefallen ist. Die mythischen Elemente, die Sophokles gestaltet, tauchen hier nicht auf.[25]

Aischylos

Von den Versen der Epen *Oidipodeia* und *Thebais*, die sich mit dem Schicksal des Ödipus bzw. dem thebanischen Sagenkreis befassen und aus dem achten vorchristlichen Jahrhundert stammen, sind nur wenige Verse überliefert. Von **Aischylos'** Trilogie *Laios, Ödipus, Die Sieben gegen Theben* (467 v. Chr. aufgeführt) ist nur das Werk *Die Sieben gegen Theben* erhalten.

Als Sophokles rund 40 Jahre nach Aischylos das Schicksal von Ödipus dramatisch bearbeitete, konnte er also nicht nur auf

---

24 Siehe hierzu ausführlich die Hinweise und Quellenzitate im Nachwort zu *König Ödipus* (*KÖ*, S. 73–75) sowie auch Rose, S. 181.

25 Zu den Bestattungspraktiken der Griechen und der Rolle der Verbrennung (Feuerbestattung) im Kontext der Mythen sowie der Auffassung der Griechen vom Tod siehe C. Jones, S. 21 f.

den Mythos und seine Varianten, sondern bereits auf literarische Gestaltungen des Stoffs aufbauen und ihn neu interpretieren.
Bekam er von seinen Zeitgenossen für sein Werk *König Ödipus* zwar nicht den ersten Preis bei der Aufführung, so gilt das Drama bereits bei **Aristoteles** als nahezu mustergültig für die Gestaltung einer Tragödie. In seiner *Poetik* (wahrscheinlich ab 335 v. Chr. entstanden) erwähnt er Sophokles' Drama mehrfach positiv, um seine Dramentheorie an einem praktischen Beispiel zu erläutern.

2.2 Inhaltsangabe

Prologos (Vers 1–150)
Figuren: Ödipus, Priester, Kreon

Priester, Kinder und Jünglinge legen Öl- und Lorbeerzweige auf die Altäre und lagern auf den Altarstufen. Ödipus tritt aus dem Palast und wendet sich an die Menge mit der Frage nach dem Grund ihres Kommens und ihres Flehens. Ödipus' Frage wird durch den Priester beantwortet, der Ödipus darauf hinweist, dass die Stadt unter den Folgen der Pest leide. Der Priester bringt zudem die Hoffnung zum Ausdruck, dass Ödipus, der einst die Stadt vom Übel der Sphinx erlöst habe, Theben nun abermals Hilfe und Rettung bringen könne.

In seiner Antwort auf die Rede des Priesters erweist sich Ödipus gleichermaßen als umsichtiger und mitleidvoller Herrscher. Er identifiziert sich mit den Leiden des Volkes, betont, dass das Leiden des Volkes ihm Kummer und Schmerzen bereite und dass er, um Abhilfe zu schaffen, seinen Schwager Kreon beauftragt habe, den Rat des Apollon-Orakels einzuholen.

Der bereits sehnsüchtig erwartete Kreon erscheint und teilt den Orakelspruch mit: Das Land könne nur geheilt werden, wenn der Mörder des Königs Laios gefunden und bestraft würde. Unbehelligt lebe der Mörder noch in Theben, so das Orakel. Ödipus erfragt daraufhin die Umstände des Todes von Laios, erfährt von Kreon aber nur, dass es lediglich einen Zeugen gibt, der ausgesagt habe, Laios sei von Räubern überfallen worden. Dass man die Spur der Mörder nicht verfolgt habe, führt Kreon aus, sei der Sphinx geschuldet, die damals die Stadt bedroht habe.

Ödipus gibt öffentlich die Zusage, die Suche nach dem Mörder des Laios mit aller Energie ins Werk zu setzen, um dem Befehl

Apollons Genüge zu tun und um sich selbst vor einem möglichen Mordanschlag zu schützen. Mit der Bitte des Priesters, Apollon möge als Retter und Heiler der Stadt Theben beistehen, endet die Szene.

Stichwörter/wichtige Textstellen

V. 8: *„von allen der Berühmte, Ödipus, genannt."*
Ödipus führt sich hier selbst ein; im weiteren Verlauf des Dramas werden neu hinzukommende Figuren von einer bereits auf der Szene anwesenden anderen Figur oder vom Chor eingeführt (vergl. z. B. die Ankündigung Kreons durch Ödipus Vers 84–86); Ödipus' Selbstbezeichnung (der Berühmte) ist nicht als Ausdruck seiner Selbstüberschätzung oder Eitelkeit zu verstehen, sondern hat die Funktion, den Anwesenden Mut zuzusprechen.

V. 18–20: *„Zeus/Pallas"*
Zeus: Vater der Götter und der Menschen, höchster der Götter; Pallas ist der Beiname der Göttin Athene.
Der Prologos zeigt Ödipus als einen seinem Volk zugewandten Herrscher, der sich größten Ansehens und allseitiger Beliebtheit erfreut. Zwar gilt er, wie der Priester ausführt, nicht als „göttergleich", aber doch für „der Männer Ersten". Als Kreon mit dem Orakelspruch erscheint (der aber in diesem Falle eher einer Handlungsanweisung gleichkommt) und auf den ungesühnten Mord an Laios als Ursache aller Übel verweist, betreibt Ödipus sogleich eine erste energische Befragung Kreons über das zurückliegende Ereignis. Mit dem ersten Auftreten von Ödipus wird er nicht nur als Figur konturiert, sondern es wird zugleich ein Kontrastpunkt zu seinem letzten Auftritt gesetzt (der geblendete Ödipus betritt die Szene als Unglücklicher). Ödipus' an die Thebaner gerichteten

Sätze „krank seid ihr alle, aber krankt ihr auch – wie ich/ist keiner unter euch, der gleichermaßen krankte“ (V. 60/61) entfalten im Zusammenhang mit diesem Kontrastaufbau erst ihre wahre Bedeutung, weil der im Prologos als Retter, Helfer und Arzt auftretende Ödipus sich als „krank“ (= befleckt) erweisen wird.

Parodos (Vers 151–215)
Figuren: Chor

Dem Niederlegen der Öl- und Lorbeerzweige im Prologos entsprechen die Bitten des Chores im ersten Strophenpaar des Einzugsliedes. Athene, Artemis und Apollon werden angerufen und um Schutz und Hilfe angefleht. Das zweite Strophenpaar greift die Eingangsrede des Priesters auf und schildert die Agonie, in der sich die Stadt befindet. Im dritten Strophenpaar wendet sich der Chor neben Athene, Artemis und Apollon auch an Zeus und erfleht von ihm Schutz vor Ares, der die Stadt mit der Pest überzieht. Auch Bakchos (Dionysos) wird in den Schlussversen des dritten Strophenpaares um Beistand gebeten.

Stichwörter/wichtige Textstellen

V. 211: *„Bakchos“*

Bakchos (Dionysos), der Gott des Weines, ist der Sohn von Zeus und Semele. Theben gilt als sein Geburtsort. Sein Gefolge bildeten die Bakchen (auch Mänaden = die Rasenden), die bei den nächtlichen Festen Fackeln schwangen und mit Becken, Flöten und Pauken Lärm erzeugten (siehe auch Euripides' Drama *Die Bakchen*).

Der Chor fleht die Götter um Hilfe an und vertritt somit die Auffassung, dass Hilfe nur von ihnen kommen könne. Diese an die Götter gerichteten Bitten stehen im Kontrast zu der im Prologos geäußerten Auffassung von Ödipus, der, als Löser des Rätsels der Sphinx, mit Hilfe seines Verstandes durch eine kriminalistische Untersuchung dem Auftrag Apollons nachkommen will.

1. Epeisodion (Vers 216–462)
Figuren: Ödipus, Chorführer, Teiresias
Das erste Epeisodion ist in zwei Teile gegliedert. Der zweite Teil setzt mit dem Auftritt des Teiresias ein, der erste Teil zeigt den Staatsmann Ödipus. An den Chor gewendet unterstreicht Ödipus seinen Willen, den Auftrag Apollons zu erfüllen und den Mörder Laios' zu fangen und zu bestrafen. Eindringlich mahnt er die Thebaner zur Wahrheit, droht demjenigen mit schweren Strafen, der Wissen zurückhält oder dem Mörder/den Mördern sogar Unterstützung gewährt.
Ödipus äußert auch den Vorwurf gegenüber den Thebanern, die Suche nach den Mördern nicht energisch genug betrieben zu haben, und sagt, die wahren Zusammenhänge nicht kennend, den Satz, er wolle nun den Mörder Laios' so suchen, als wenn Laios sein eigener Vater sei. Ödipus verflucht diejenigen, die ihn nicht bei der Suche nach dem Mörder unterstützen wollen. Stellvertretend für die Thebaner betont der Chorführer seine Unschuld und seine Unwissenheit und rät zugleich dazu, den Ratschluss des weisen Teiresias einzuholen, woraufhin Ödipus mitteilt, dass er, auf den Rat Kreons hin, bereits Boten zu Teiresias geschickt habe.
Als Teiresias erscheint, von Ödipus begrüßt und als möglicher Retter empfangen wird, betont er zunächst, er sei ungern gekommen. Er bezeichnet Ödipus' Verhör als vergebliches Bemühen, von ihm eine Antwort auf seine Fragen zu erhalten.
Durch die ausweichenden Antworten und das zurückhalten-

de, nahezu abweisende Auftreten Teiresias' gerät Ödipus in Zorn, und er beschuldigt Teiresias, an der Ermordung des Laios beteiligt gewesen zu sein. Teiresias hält Ödipus nun vor, selbst der Besudler des Landes und der gesuchte Mörder zu sein. Ödipus schmäht daraufhin die Seherkunst von Teiresias, beschuldigt ihn, gemeinsam mit Kreon ein Komplott geplant und angesichts der Sphinx versagt zu haben. Teiresias lenkt das Gespräch auf die Herkunft des Ödipus. Er deutet an, dass Ödipus in einer Welt des Scheins lebe, über seine wahre Herkunft aber nichts wisse. In den Schlussversen der Szene vermittelt Teiresias all sein Wissen über das Schicksal von Ödipus, allerdings wie über eine dritte Person sprechend.

Stichwörter/wichtige Textstellen

V. 240: *„kein geweihtes Wasser reichen"*

Beim Opfer wurde ein Gefäß mit Wasser um den Altar getragen und geweiht; die Teilnehmer an der Zeremonie besprengten sich und den Altar mit dem geweihten Wasser. Ödipus' Anordnung bedeutet einen Ausschluss der Betroffenen aus der Glaubensgemeinschaft.

V. 388: *„den listigen Bettelpriester, der für den Gewinn"*

Die Zeile verweist darauf, dass während des Peloponnesischen Krieges geldsüchtige Bettelpropheten und Pseudo-Seher durch das Land zogen. Zudem handelt es sich um eine Form des Eigenzitats, denn in Sophokles' *Antigone* wirft Kreon Teiresias Geld- und Gewinnsucht vor.

Ödipus und Teiresias repräsentieren unterschiedliche Sphären: Ödipus die der Menschenwelt, des Verstandes, des Untersuchungsverfahrens, Teiresias die der Götter, des Sehens von Weisheiten, die über den menschlichen Verstand hinausgehen, der Erfüllung von Weissagungen. Deutlich zeigen sich bei Ödipus Züge der Unbeherrschtheit, der Selbstüberschätzung, des Denkens in Kategorien von Verrat und Feindschaft, die er aus dem anfänglichen Schweigen und Zögern Teiresias' ableitet. Er wird beherrscht von seinem Zorn, der ihn dazu verleitet, den Seher (und mit ihm letztlich auch Apollon) zu schmähen. Zorn und Selbstüberschätzung weichen aber einer Verunsicherung, als Teiresias Ödipus' Herkunft ins Spiel bringt. An die Stelle der emphatisch vorgetragenen Anklagen gegenüber Teiresias tritt ein beginnendes Nachdenken über sich selbst, eine Ahnung davon, dass es um mehr geht als um die Suche nach einem Mörder. Der Herrscher Ödipus überlässt Teiresias deshalb die letzten Worte in dieser Szene. Er kehrt allein in den Palast zurück. Von dieser Szene an weiß das Publikum bereits mehr als Ödipus. Für ihn muss die Wahrheit erst noch ans Licht kommen (siehe V. 457 ff.).

1. Stasimon (Vers 463–511)
Figuren: Chor

Der Chor greift im ersten Strophenpaar die Forderung Apollons auf, den Mörder zu suchen, und fragt, wer dieser Mörder sein könne. Das zweite Strophenpaar geht auf den Streit zwischen Teiresias und Ödipus ein. Der Chor zeigt sich verstört wegen der Anschuldigungen, die Teiresias gegenüber Ödipus erhoben hat, und bekräftigt seine Meinung, dass Ödipus unschuldig sei.

Stichwörter/wichtige Textstellen

! Das 1. Stasimon verdeutlicht exemplarisch die Rolle des Chores bei Sophokles. Der Chor kommentiert nicht von einer höheren Warte aus das zuvor Geschehene, sondern bezieht wie ein Mitspieler Stellung, der durch die Entwicklung verunsichert ist. Gleich Ödipus kann der Chor die Aussagen Teiresias' nicht entschlüsseln; noch viel weniger kann er die Vorwürfe und Anschuldigungen, die Teiresias gegenüber Ödipus erhoben hat, verstehen, denn zu groß ist das Ansehen, das Ödipus genießt.

2. Epeisodion (Vers 512–862) 1. Kommos (Vers 649–696)
Figuren: Kreon, Ödipus, Chorführer, Iokaste

Das **2. Epeisodion** wird mit einer Rede Kreons eröffnet, der sich an die Thebaner wendet. Kreon sieht durch die zuvor von Ödipus geäußerten Vorwürfe seinen Ruf geschädigt und sich unberechtigterweise einem Verdacht ausgesetzt. Der Chorführer erklärt die Vorwürfe mit dem Zorn Ödipus'. Als Ödipus aus dem Haus tritt, setzt seine an Kreon gerichtete Rede mit dem Vorwurf ein, Kreon wolle ihn töten, um selbst die Herrschaft über Theben zu erlangen. Ödipus stützt seinen Vorwurf darauf, dass Kreon ihm den Rat gegeben habe, Teiresias zu befragen, der, so Ödipus, mit Kreon abgesprochen habe, ihn, Ödipus, den Mörder des Laios zu nennen.

Kreon verteidigt sich damit, überhaupt kein Interesse an der Königswürde Thebens zu haben. Er betont seine Treue gegenüber Ödipus und dem Königshaus, verweist auf sein Ansehen beim Volk, fordert Ödipus auf, sich beim Orakel zu überzeugen, ob er die Botschaft richtig vermittelt habe, und macht Ödipus den Vorwurf, ihn vorschnell und ohne Überprüfung der Zusammenhänge verurteilt zu haben. Ödipus aber lässt sich zunächst nicht überzeugen, sondern droht Kreon den Tod an.

Iokaste erscheint und fragt nach der Ursache des Streits, woraufhin Ödipus seine Vorwürfe gegenüber Kreon erneuert und dieser seine Unschuld beteuert. Iokaste fordert beide auf, angesichts der Übel, von denen die Stadt ergriffen sei, ihren Streit beizulegen.

Im **1. Kommos** (Wechselgesang zwischen Chor, Ödipus und Kreon sowie Chor, Ödipus und Iokaste), der die Szene zugleich in zwei Hauptteile gliedert, fordert der Chor Ödipus auf, dem Wunsch von Iokaste nachzugeben und die Sorge um das Land über den Streit zu stellen. Ödipus gibt dem Chor und Iokaste nach, Kreon verlässt die Szene. Iokaste fragt nun Ödipus nach der genauen Ursache des Streits.
Im zweiten Hauptabschnitt des Epeisodions, einem Dialog zwischen Iokaste und Ödipus, erneuert Ödipus zunächst seine Vorwürfe gegenüber Kreon und Teiresias. Um Ödipus zu beruhigen, erzählt Iokaste von dem einst ergangenen Orakelspruch, berichtet, dass der von Laios mit ihr gezeugte Knabe im Gebirge ausgesetzt worden ist, um dem Orakelspruch zu entgehen. Dass Laios von Räubern erschlagen worden sei (wie die Kunde geht), nimmt sie als Beleg dafür, dass der Orakelspruch sich nicht erfüllt habe und die Seherkunst Teiresias' nicht unfehlbar sei. Was Iokaste vorbringt, um Ödipus zu beruhigen, versetzt diesen aber in größte Unruhe, weckt die Erwähnung des Dreiwegs, an dem Laios einst erschlagen worden ist, doch in Ödipus die Erinnerung daran, dass er selbst einst, auf dem Weg nach Theben, einen Mann erschlagen hat. Als er von Iokaste erfährt, dass Laios ihm an Gestalt nicht unähnlich gewesen sei und nur von kleinem Gefolge begleitet wurde und dass es eine zeitliche Nähe zwischen Laios' Tod und der Ankunft von Ödipus in Theben gäbe, kommt Ödipus zum ersten Mal der beunruhigende Gedanke, Teiresias könne im Recht gewesen sein mit der Behauptung, Ödipus selbst sei der Mörder des Laios. Als Ödipus erfährt, dass lediglich einer der Begleiter von Laios den Vorfall überlebt habe und jetzt mit den Herden im Kithairon-Gebirge lebe, verlangt er sofort, diesen Mann in den Palast zu bestellen. Von Iokaste nach den Ursachen seiner Unruhe und dem Grund für den Wunsch

gefragt, den Überlebenden des Vorfalls zu sprechen, führt Ödipus aus, er sei der Sohn von Polybos und Merope und in Korinth aufgewachsen, sei aber eines Tages bezichtigt worden, überhaupt nicht der leibliche Sohn des Königspaares zu sein. Durch diese Aussage in Unruhe versetzt, habe er, so Ödipus weiter, ohne das Wissen seiner Eltern das Orakel befragt. Von diesem habe er erfahren, dass er seinen Vater töten und seine Mutter ehelichen werde, woraufhin er, um diesen Schicksal zu entgehen, Korinth verlassen und sich auf die Wanderschaft begeben habe. Dabei sei ihm eines Tages, an einem Dreiweg, ein Mann begegnet, wie ihn Iokaste beschrieben habe. Dieser habe versucht, ihn vom Weg abzudrängen und ihn mit der Waffe angegriffen. In dem sich entwickelnden Kampf habe er, Ödipus, diesen fremden Mann und seine Begleiter erschlagen. Ödipus äußert die Furcht, die zuvor verkündeten Strafen für den Mörder des Laios nun gegen sich selbst aussprechen zu müssen und ganz und gar unglücklich zu sein. Seine Hoffnung setzt er auf den noch lebenden Begleiter des Laios, nach dessen früheren Worten der König von Räubern erschlagen worden sei; treffe diese Aussage zu, so meint Ödipus, könne er selbst nicht der Mörder Laios' sein; sei der König aber nur von einem Mann erschlagen worden, so müsse er der Täter sein. Iokaste versucht, indem sie erneut auf den Orakelspruch verweist, Ödipus zu beruhigen. Dieser Spruch habe verkündet, ihr Sohn würde den eigenen Vater erschlagen. Dieser Spruch habe sich aber nicht erfüllt; deshalb sei auf Sehersprüche nicht zu viel zu geben. Ödipus und Iokaste verlassen gemeinsam die Szene und gehen in den Palast.

Stichwörter/wichtige Textstellen

Das 1. Epeisodion zeigt Kreon zunächst in einer Verteidigungsposition, denn er sieht sich genötigt, zu den Anschuldigungen, die Ödipus gegen ihn erhoben hat, Stellung zu nehmen. Die Worte der Beruhigung, die der Chor spricht, indem er Ödipus' Vorwürfe aus dessen Zorn erklärt, laufen schon allein deshalb ins Leere, weil Ödipus bereits in seinem ersten Redebeitrag Kreon des Mordversuchs und des versuchten Umsturzes bezichtigt („du Mörder **dieses** Mannes offenbar", V. 534 f.). Ödipus setzt Kreon sofort in die Position des Angeklagten, den er durch eine Kette von Fragen, vermischt mit Vorwürfen und Anschuldigungen, zur Verteidigung zwingt (siehe V. 555 ff.). Kreon bleibt demgegenüber emotional zurückgenommen, ganz auf seine sachliche Verteidigung bedacht. So gelingt es ihm im Verlauf des Dialogs, die Positionen umzukehren. Durch seine in sich geschlossene Argumentation, die auf alle Fragen Ödipus' eine Antwort gibt, wehrt er die Angriffe Ödipus' ab, bis hin zu der Aufforderung, Ödipus solle selbst erneut das Orakel befragen, um herauszufinden, ob er die Wahrheit gesagt habe. Dies veranlasst den Chorführer zu dem Kommentar, Kreon habe sich gut verteidigt und Ödipus möge nicht vorschnell urteilen. Ödipus aber ist kaum noch rationalen Argumenten zugänglich, droht Kreon sogar die Todesstrafe an. Kreon deutet dies – zu Recht – als Zeichen der Schwäche und schlechter Regentschaft und wirft Ödipus einen übersteigerten Machtanspruch vor („Auch ich hab Anteil an der Stadt, nicht du allein.", V. 630). Erneut zeigt sich der Chor als eine lediglich mit einem „Alltagsverstand" ausgestattete Figur, sieht er das Wortgefecht zwischen Kreon und Ödipus doch lediglich als Streit zweier Männer, den es nicht weiter zu verfolgen gilt. Deshalb fordert er Iokaste auf, Ödipus ins Haus zu bringen, um so das Öffentliche und öffentlich Gewordene in die Sphäre des Privaten zurückzuverweisen. Iokaste jedoch kommt dieser Aufforderung nicht nach, sie übernimmt die Führung im Dialog, und eine erneute Wendung tritt damit ein. Im Verlauf des Gesprächs löst sie eine große Verunsicherung in Ödipus aus, rückt doch die Erwähnung der alten Vorgänge die Möglichkeit ins Bewusstsein des Ödipus, er könne tatsächlich der Mörder Laios' gewesen sein. Als erstaunlich muss es erscheinen, dass die Königin zweimal in dieser Szene die Orakelsprüche in Zweifel zieht, die Aussagen der Seher als menschliche Fehlinterpretationen deutend. Für dieses Verhalten lassen sich unterschiedliche Gründe anführen: Iokaste ist selbst in dem Glauben verhaftet, durch die Aussetzung ihres Kindes (und seinen vermeintlichen Tod) habe sich das Orakel als falsch erwiesen; gleichzeitig ist sie aber dennoch verunsichert, vielleicht sogar von einer heimlichen Ahnung befallen, ihre Annahme könne sich als unrichtig erweisen. Somit leuchtet hinter ihrer Abwertung der Orakelsprüche bereits Angst über ein drohendes Verhängnis auf, in das sie tief verwickelt ist. Ihr Versuch, Ödipus zu beruhigen und von weiteren Nachforschungen abzuhalten (was sie im 3. Epeisodion noch verstärken wird, dort bereits aber Einsicht in die verhängnisvollen Zusammenhänge erlangend), ist deshalb auch als Selbstschutz zu sehen.

2. Stasimon (Vers 863–910)
Figuren: Chor

Mit dem zweiten Standlied reagiert der Chor auf die Äußerungen Iokastes über den begrenzten Aussagewert der Sehersprüche. Die erste Strophe preist die Götter und ihre Gesetze, die erste Gegenstrophe sieht in der Vermessenheit gegenüber den Göttern den Beginn der Tyrannei und fleht den Schutz der Götter herbei. Die zweite Strophe beschreibt das unheilvolle Schicksal, das auf denjenigen herabkomme, der sich den Göttern gegenüber als hochmütig erweise; die Gegenstrophe wendet sich an die Götter, namentlich an Zeus, mit der Bitte, das Geheimnis um den Mord an Laios ans Licht zu bringen, um so den Glauben an die Wahrhaftigkeit des Orakels zu erhalten.

Stichwörter/wichtige Textstellen

V. 865 ff.: *„darüber Gesetze bestehn …“*

Der Chor greift die Ausführungen Iokastes im 2. Epeisodion auf und stellt ihren Zweifeln an der Gültigkeit der Orakelsprüche nun gegenüber, dass es ewige Gesetze gebe, deren Ursprung bei den Göttern liege; diese Gesetze seien, im Gegensatz zu den menschlichen Gesetzen, nicht aufgeschrieben, hätten aber ewige Gültigkeit; in ihnen offenbare sich die zeitlose Größe der Götter. In Sophokles' *Antigone* wird der Streit um den Gegensatz zwischen ewigen göttlichen Gesetzen und menschlichem Recht in der Auseinandersetzung zwischen Kreon und Antigone ausgetragen.

V. 867: *„Olympos“*

In der Vorstellungswelt der Griechen war der Olymp der Wohnsitz der Götter. Das knapp 3000 Meter hohe Gebirge liegt an der Grenze Thessaliens und Makedoniens.

V. 900 f.: *„zum Tempel in Abai/Olympia“*

Die Stadt Abai, im Nordosten der Landschaft Phokis (Modi) gelegen, war Stätte eines Tempels und Orakels des Gottes Apollon; in Olympia, einem Bezirk im Westen Südgriechenlands, der nur von Priestern bewohnt wurde und als heilig galt, stand der bedeutende Zeus-Tempel. In dem zum Bezirk gehörenden Stadion wurden von 776 v. Chr. bis 394 n. Chr. im Vierjahres-Turnus die Olympischen Spiele durchgeführt.

Das zweite Standlied des Chores ist als Reaktion auf das vorausgegangene 2. Epeisodion zu verstehen, in dem Iokaste und auch Ödipus, ihr teilweise beipflichtend, den Wahrheitsgehalt der Orakel in Zweifel gezogen haben. Der Chor betont demgegenüber die ewige Gültigkeit der göttlichen Gesetze und die Notwendigkeit, sie anzuerkennen. Dass am Ende des Dramas Ödipus als Geschlagener auf der Bühne steht, aber aus ganz anderen Gründen, als der Chor sie hier anspricht, gehört zur kunstvollen Tektonik des Dramas und zeigt gleichzeitig erneut die Beschränktheit des Chores in Bezug auf den Alltagsverstand einer mitspielenden Figur.

3. Epeisodion (Vers 911–1085)
Figuren: Iokaste, Bote (aus Korinth), Chorführer, Ödipus

Die Szene beginnt mit dem Auftritt Iokastes, die mit Zweigen und Räucherwerk an den Altar Apollons tritt, um den Gott zu bitten, die Qualen, die Ödipus erfasst haben, von ihm zu nehmen und die Stadt von der Angst, die herrscht, zu befreien. Ein Bote aus Korinth erscheint und fragt nach Ödipus. Vom Chorführer wird er an Iokaste verwiesen, die ihn nach dem Grund seines Erscheinens fragt. Der Bote führt aus, dass seine Nachricht erfreulich und schmerzhaft zugleich sei. Polybos, der König von Korinth, so teilt der Bote mit, sei gestorben, und nun wolle man Ödipus zum König machen. Daraufhin wertet Iokaste die Göttersprüche ab, indem sie ihren Wahrheitsgehalt bezweifelt. Auch gegenüber Ödipus, der aus dem Hause tritt, betont sie, dass der Wert der Göttersprüche sich nun als gering erwiesen habe, da ja Polybos, der Vater des Ödipus, nicht durch dessen Hand gefallen sei. Ödipus schließt sich erleichtert dieser Einschätzung Iokastes an, nachdem der Bote ihm berichtet hat, dass Polybos eines natürlichen Todes gestorben sei. Doch Ödipus gibt den Glauben an die Richtigkeit des Orakels nicht vollends auf, er äußert seine Furcht vor dem zweiten Teil des Orakelspruchs (Ehe mit der Mutter). Als er dem Boten von dieser Furcht und dem Orakelspruch berichtet, klärt der Bote Ödipus, um ihn zu beruhigen und ihm seine Furcht zu nehmen, darüber auf, dass Polybos und Merope nicht seine leiblichen Eltern gewesen wären, sondern ihn an Sohnes Statt angenommen hätten, weil sie selbst kinderlos geblieben wären. Er selbst habe Ödipus, dessen Fußgelenke durchstochen gewesen seien, einst von einem Hirten aus der Gefolgschaft des Laios im Kithairon-Gebirge empfangen, wo auch er die Herden aus Korinth hütete. Als Ödipus die Frage stellt, ob dieser Hirte noch lebe und ob ihn jemand kenne, äußert der Chorführer die Ansicht, es handele sich um eben jenen Mann, den Überlebenden des Kampfes am Dreiweg, den Ödipus bereits in den Palast bestellt habe. Iokaste richtet nun die Forderung an Ödipus, seine Untersuchung nicht weiterzuführen, wird aber von Ödipus missverstanden, denn dieser glaubt, Iokaste bedränge ihn, weil vielleicht herauskommen könnte, er sei das Kind von Sklaven. Die Königin ahnt jedoch bereits das ganze Unheil, nennt Ödipus einen Unglücksseligen und stürzt, von Ödipus verkannt, in den Palast. Ödipus nimmt weiterhin an, Iokaste sei aus Scham über seine vermeintlich niedere Herkunft ins Haus gestürzt, er selbst ist aber unbeirrt gewillt, seine Herkunft zu erforschen.

Stichwörter/wichtige Textstellen

!

V. 1080 ff.: *„Ich aber werde, mich selber für den Sohn des Glücks erachtend …“*

Dieser Satz von Ödipus ist im Zusammenhang mit der Möglichkeit zu sehen, Ödipus könne von niedriger Herkunft sein; er bezeichnet sich hier selbst als Sohn der Tyche, der Göttin des Glücks und des Zufalls, die es ihm auch ermöglichen konnte, als Kind einfacher Herkunft die Königswürde zu erlangen.

In das Gespräch zwischen Iokaste und Ödipus greift der Bote ein, dem im 3. Epeisodion eine ganz besondere Rolle zukommt. Erschienen ist er, um Ödipus eine gleichermaßen traurige (Tod von Polybos) wie frohe Botschaft (Königswürde von Korinth) zu bringen. An sein Erscheinen ist die Peripetie geknüpft. Das 3. Epeisodion ist durch mehrere gegenläufige Bewegungen gekennzeichnet. Aus einer Botschaft, aus der Glück entstehen soll (Königswürde von Korinth), entsteht Unglück; auf Fragen, die Entlastung bringen sollen (die Fragen des Boten), erfolgen Antworten, die die schrecklichen Zusammenhänge bereits erahnen lassen; obwohl Ödipus am Ende des 3. Epeisodions näher am Abgrund steht als zu Beginn der Szene, ist seine Verzweiflung nahezu heiterer Gelassenheit und Unbekümmertheit gewichen; im Gegensatz dazu verläuft wiederum die Entwicklung Iokastes: Ist sie nach dem Erscheinen des Boten aus Korinth zunächst hoffnungsfroh, nahezu entspannt, bricht sie am Ende der Szene unter der schrecklichen Gewissheit über das Geschehene zusammen.

3. Stasimon (Vers 1086–1109)
Figuren: Chor

In der ersten Strophe des dritten Stasimons verkündet der Chor seine Absicht, am folgenden Tag im Vollmond den Kithairon zu preisen und durch Tänze als Retter und Nährer des Ödipus zu ehren. In der Gegenstrophe wird die Vermutung ausgesprochen, Ödipus sei das Kind einer Nymphe und Pans oder das Kind einer Gefährtin Apollons, Hermes' oder Dionysos'.

Stichwörter/wichtige Textstellen

V. 1089 ff: *„o Kithairon …“*

Das Kithairon-Gebirge, der Ort an dem Ödipus ausgesetzt wurde und der zugleich das Land umfasst, auf dem der Mann aus Korinth und der thebanische Hirte ihre Herden weideten, galt als (gelegentlicher) Aufenthaltsort verschiedener Götter; dies erklärt u. a., warum die Choreute mehrere Götter als mögliche Väter von Ödipus nennen. Dass Teiresias im Dialog mit Ödipus das Kithairon-Gebirge als den Ort benannt hat, der vom Wehgeschrei des Ödipus widerhallen werde (vergl. V. 420–424), ist den Choreuten nicht mehr im Bewusstsein.

In völliger Verkennung der wahren Zusammenhänge greift der Chor die von Ödipus am Ende des 3. Epeisodions ins Spiel gebrachte Möglichkeit auf, der König könne ein Kind des Glücks und von irgendeinem Gott und seiner Begleiterin gezeugt worden sein. Auch in diesem Standlied erweist sich somit der Chor als ein Mitspieler, der auf Grund seiner Begrenztheit die Situation völlig falsch einschätzt und bestimmte Zeichen sogar euphorisch umdeutet. Den Choreuten ist überhaupt nicht klar, dass die Wahrhaftigkeit des Orakels und ihre Wünsche und Hoffnungen nicht im Einklang miteinander stehen können, sondern sich gegenseitig ausschließen. Erneut wird deutlich, dass der Chor bei Sophokles nicht von einer übergeordneten Warte aus kommentiert und den Gang der Handlung organisierend vorantreibt, sondern dass er, lediglich auf der Höhe des jeweiligen Moments stehend, ein (irrender) Mitspieler ist.

4. Epeisodion (Vers 1110–1185)

Figuren: Ödipus, Chorführer, Bote (aus Korinth), Hirte

Der Hirte wird von Dienern Ödipus' vor den König gebracht, und der Bote bestätigt, dass es sich um den Mann handele, von dem er zuvor gesprochen habe. Auch der Hirte gibt zu, dass er einst, als ein Sklave im Hause des Laios aufgewachsen, dessen Herden im Kithairon-Gebirge gehütet habe, leugnet aber zunächst, den Mann aus Korinth zu erkennen. Der Korinther ruft dem Hirten die gemeinsame Zeit im Gebirge in Erinnerung und weist ihn darauf hin, dass er ihm damals ein Kind, den jetzigen König Ödipus nämlich, übergeben habe. Der alte Hirte versucht zunächst, ausweichende Erklärungen abzugeben. Doch als ihn Ödipus mit dem Tode bedroht, gesteht er endlich unter Zaudern, dass er das Kind von Iokaste selbst empfangen habe, um es im Gebirge auszusetzen, weil über dem Kind der Fluch gelegen habe, es werde seinen Erzeuger töten. Aus Mitleid aber habe er das Kind nicht töten können und es deshalb dem Manne aus Korinth übergeben. Wenn Ödipus, so beendet der Hirte seine Rede, dieses Kind sei, so sei er unglückselig geboren. Ödipus kennt nun das Rätsel seiner Herkunft; schlagartig wird ihm damit aber auch klar, dass das Orakel sich erfüllt hat und er der Mörder seines Vaters und der Ehemann seiner Mutter ist. Voller Verzweiflung stürzt auch er, wie zuvor schon Iokaste, in den Palast.

Stichwörter/wichtige Textstellen

V. 1117: *„Ja, ich erkenn ihn, sei gewiss!"*

!

Zu erinnern ist daran, dass der Hirte in den Palast geholt wurde, um Auskunft über das Geschehen am Dreiweg zu geben, da er als der einzige überlebende Zeuge des Mordes an Laios gilt (der zweite Zeuge ist Ödipus selbst). Es gehört zu den dramaturgischen Voraussetzungen des Dramas, dass dieser Mann sich am Tag des Kampfes zwischen Ödipus und Laios als Diener im Gefolge des Laios befand und dass eben dieser Diener einst der Hirte war, dem Laios und Iokaste das Kind übergaben, um es von ihm aussetzen zu lassen. Bereits bei der Ankunft von Ödipus in Theben hat dieser Mann Ödipus als den Laios-Mörder identifiziert und deshalb, über seine Kenntnis aber schweigend, Iokaste gebeten, weit entfernt von der Stadt als Hirte die Herden hüten zu dürfen (vergl. V. 755 ff.).

In der nur 75 Verse umfassenden vierten Hauptszene, der kürzesten Szene des Dramas überhaupt, werden die Suche nach dem Mörder des Laios und die Enträtselung der Herkunft des Ödipus zu einem einzigen Strang verbunden; das bisher getrennt Betrachtete und in seinem Zusammenhang von Ödipus bisher nicht Erfasste wird nun als Einheit offenbart; und dies vollzieht sich mit einer Geschwindigkeit, die den Sturz in die Katastrophe angesichts des vorausgegangenen Freudenliedes des Chores nur noch schrecklicher hervortreten lässt.
In den Schlussversen fasst Ödipus selbst die ganze schreckliche Wahrheit zusammen. Mit dem vierten Epeisodion sind alle Handlungsvoraussetzungen ins Drama geholt; die Zusammenhänge sind aufgedeckt, Unklarheit ist Klarheit gewichen, der Schein ist durchstoßen, und an seine Stelle ist die Wahrheit getreten.

4. Stasimon (Vers 1186–1222)
Figuren: Chor
Am Beispiel des Schicksals von Ödipus beleuchtet der Chor im vierten Standlied die Nichtigkeit des menschlichen Lebens. In den beiden Strophenpaaren wird (in geraffter Form) vom

Aufstieg und Fall Ödipus' berichtet und an seinem Werdegang der Unterschied von Schein und Sein verdeutlicht. Die erste Strophe führt mit einer allgemeinen Betrachtung über den Gegensatz zwischen Schein und Sein in das Thema ein und weist zum Abschluss auf den unglücklichen Ödipus hin. Die erste Gegenstrophe zeigt den raschen Aufstieg des Ödipus vom Rätsellöser zum König von Theben. Die zweite Strophe knüpft an die Gegenwart an und fasst noch einmal zusammen, wie Ödipus von der Höhe ins Elend gestürzt ist. Die zweite Gegenstrophe verweist auf die „alles sehende Zeit", die Ödipus' Schicksal an den Tag gebracht habe, und endet mit einer abermaligen Klage über Ödipus' Schicksal.

Stichwörter/wichtige Textstellen

Auch der Chor hat nun die wahren Zusammenhänge erfasst; er erkennt, dass auch er vom Schein geblendet war. Ödipus gilt dem Chor nun als Beispiel für die Wechselfälle des Lebens, das regiert wird von der Zeit. Gegensatzpaare dienen dem Chor dazu, diese Wechselfälle zu veranschaulichen: Dem (scheinhaften) Glück steht der Untergang gegenüber (1. Strophe), dem „allerseligsten Glück" und der höchsten Verehrung (1. Gegenstrophe) werden Qualen und Elend gegenübergesetzt (2. Strophe). Verzweifelt klagt der Chor angesichts des Untergangs von Ödipus, und wenngleich er sich wünscht, Ödipus nie gekannt zu haben (siehe V. 1216–1218), so erkennt er doch die Verdienste, die sich Ödipus um die Stadt Theben erworben hat, an.

Exodos (Vers 1223–1530) Kommos (Vers 1297–1366)
Figuren: Diener, Chorführer, Chor, Ödipus, Kreon (Antigone, Ismene)

Der durch den **Kommos** zweigeteilte **Exodos** beginnt mit dem Auftritt des Dieners. Dieser fasst, dem Chorführer auf seine Fragen hin Bericht erstattend, die Geschehnisse im „Botenbericht" zusammen, die sich seit dem Abgang der Figuren am Ende des vierten Epeisodions ereignet haben. Der in den Palast stürzende Ödipus, so berichtet der Diener, habe auf der Suche nach Iokaste, die er mit einem Schwert töten wollte, die Türen zu ihrem Gemach aufgesprengt und sie dort erhängt aufgefunden. Unter schrecklichem Wehklagen habe er die goldenen Gewandspangen von ihrem Kleid gerissen und sich damit die Augen ausgestochen, dabei sich selbst verfluchend und seine Schande beklagend. Nach dem Bericht des Dieners erscheint Ödipus selbst. Im **Kommos** beklagt der Chor angesichts des blutüberströmten Ödipus zunächst dessen Leid. Auf die Frage des Chors, wer ihn zu dieser Tat der Selbstblendung getrieben habe, antwortet Ödipus, dass es Apollon war, der seine Leiden in Erfüllung gehen ließ, dass er aber, Ödipus, sich diese Leiden mit eigener Hand geschlagen habe. Ödipus fordert den Chor dazu auf, die von ihm zuvor für den Mörder des Laios verkündete Strafe nun auch an ihm zu vollstrecken und verflucht den Tag, an dem er, der Todgeweihte, als kleines Kind gerettet wurde. Im Anschluss an den Kommos begründet Ödipus in einer langen Rede seine Blendung und fordert die Thebaner noch einmal auf, ihn – gemäß der zuvor verkündeten Strafe für den Laios-Mörder – auszusetzen, zu töten oder ins Meer zu werfen. Wie nun aber zu verfahren sei, so führt der Chorführer aus, sei in die Hände Kreons gelegt, der jetzt die Herrschaft über Theben innehabe. Kreon erscheint und verlangt, Ödipus ins Haus zu führen.

Ödipus fordert ihn auf, das Urteil an ihm zu vollstrecken, aber Kreon will zunächst den Rat der Götter einholen, worauf er von Ödipus gebeten wird, ihn im Kithairon auszusetzen, aber für Ismene und Antigone, die auf die Bühne geführt werden, zu sorgen. Ödipus wendet sich an seine Töchter, klagt ihnen sein Leid, weist aber auch auf ihr mögliches Schicksal hin, das durch seine Tat verursacht sei, nämlich Töchter eines Vatermörders und eines Mannes zu sein, der sie mit der eigenen Mutter gezeugt habe. Er legt ihre Zukunft in die Hände Kreons, den er erneut darum bittet, Antigone und Ismene beizustehen, und wünscht ihnen Glück auf ihren Wegen. Kreon trennt den Vater von den Kindern, fordert Ödipus noch einmal auf, sein Schicksal anzunehmen, und verlässt, gemeinsam mit Ödipus, Antigone und Ismene die Bühne. Die Schlusszeilen des Chors mahnen noch einmal, an das Schicksal Ödipus' erinnernd, keinen Menschen vor der Zeit glücklich zu preisen.

Stichwörter/wichtige Textstellen

Der **Exodos** beginnt mit einem **Botenbericht**. Der Botenbericht ist ein **dramaturgisches Hilfsmittel**, das Ereignisse vermittelt, die für den Gang der Handlung wichtig sind, auf der Bühne aber nicht gezeigt werden können oder sollen. In Sophokles' Drama werden die schrecklichen Geschehnisse, die sich im Palast zutragen, nicht szenisch dargeboten, sondern die Katastrophe wird von einem Diener geschildert, der vom Chorführer dazu aufgefordert wurde. Diese Schilderung lässt die grausamen Details allerdings nicht weg, sondern breitet sie vielmehr ausführlich aus. So erscheint uns, durch die anschauliche Rede des Dieners, Ödipus im Grunde schon vor Augen, noch bevor er die Bühne („blutüberströmt", wie es im Nebentext heißt) betritt. Seine Situation wird mit dem Ausruf des Chores „O Leid“ schmerzvoll zum Ausdruck gebracht, auf den Kern reduziert und zugleich nahezu ins Exemplarische gehoben, vergleicht man diesen Auftritt von Ödipus mit seinem Auftritt im Prologos. In der Fülle seiner Macht aus dem Palast tretend und der Anerkennung der Thebaner gewiss, die all ihre Hoffnung in den König und seine Hilfe setzten, ist er uns beim ersten Auftritt begegnet; nun aber bedarf er selbst der Hilfe (er wird von Dienern gestützt). Trat er im Prologos auf als Steuermann des Staates, so erscheint er jetzt als ein Orientierungsloser („Wohin auf Erden trägt es mich Armen?“, V. 1309), der sich seinen Weg, geführt durch andere, ertasten muss. Und so steht er als ein Beispiel dafür, dass des Menschen Schicksal ihn rasch von höchsten Höhen in tiefste Tiefen herabstürzen kann. Auf die Frage des Chores, wer ihn zur Selbstblendung getrieben habe, gibt Ödipus zur Antwort, dass es Apollon gewesen sei, er aber die Tat mit eigener Hand ausgeführt habe. Hier sehen wir uns mit einer Paradoxie konfrontiert: Ödipus führt aus, dass Apollon seine schlimmsten Leiden in Erfüllung gehen ließ (vergl. V. 1327 ff.). Im Moment der Selbstverstümmelung war Ödipus aber mit Apollon wieder in Übereinstimmung; im Moment der Blendung war Ödipus sehend, um zu sehen (die schreckliche Tat zu erkennen), braucht er seine Augen nicht mehr. Für seine Selbstblendung führt Ödipus zwei Begründungskomplexe an. Der erste hat direkten Bezug zu Ödipus selbst und zu seiner Familie: Weder Vater und Mutter wolle er mit seinen Augen ansehen müssen, wenn er ihnen einst im Hades gegenübertrete, noch seine Kinder, die aus der Verbindung mit der eigenen Mutter hervorgegangen sind. Und auch den Anblick der Stadt, der Burg und der Götterbilder glaubt er nicht mehr verdient zu haben.

Der zweite Begründungskomplex greift das Orakel auf und die Forderung, die Stadt von der Befleckung zu reinigen. Da sich Ödipus selbst als Unreiner erwiesen habe, wolle er diesen Makel nicht mit eigenen Augen sehen müssen. Neben dieser Selbstbestrafung fordert Ödipus aber auch seine Tötung oder Verbannung, ganz so, wie er es selbst für den Mörder des Laios verkündet und wie das Orakel es verlangt habe. Mit dieser Bitte wendet er sich an Kreon, der an seiner Stelle nun die Regentschaft in Theben übernehmen soll. Kreon verweist Ödipus jedoch erneut auf Apollon zurück: Bevor nicht das Orakel abermals befragt worden sei, wolle Kreon nicht handeln; er fordert Ödipus dazu auf, Apollon Vertrauen zu schenken, sich in Geduld zu üben und sein Schicksal anzunehmen. Ödipus muss in dieser erneuten Begegnung mit Kreon als Bittender auftreten; Kreon wiederum reagiert mit Nachsicht, ohne Rachegelüste für die ihm zuvor von Ödipus zugefügten Ungerechtigkeiten, jedoch mit Bestimmtheit, die sich u. a. in den von ihm verwendeten Imperativen ausdrückt („Los, geh in das Haus hinein!"; „Geh jetzt! Lass die Kinder los!", V. 1515 u. 1521) und sich auch in seiner Schlussmahnung an Ödipus zeigt: „Wolle nicht in allem Meister sein: Auch was du gemeistert hast, ist dir nicht durchs Leben nachgefolgt." (V. 1522 f.) An diesen Satz Kreons knüpft der Chor mit seinen letzten Versen an: Auch er verweist noch einmal darauf, dass das menschliche Leben den Wechselfällen der Zeit ausgeliefert sei. Keinen Menschen solle man glücklich und selig nennen, bis er – ohne Leid – an seinem Lebensende angekommen sei.

2.3 Aufbau

Wie im Abschnitt 2.1. dieses Bandes bereits erwähnt, konnte Sophokles beim Publikum seiner Zeit den mythischen Stoff als bekannt voraussetzen. Dies ermöglicht es ihm, sich bei der Komposition seines Dramas auf einen bestimmten, für Ödipus entscheidenden Abschnitt des Geschehens zu konzentrieren, eines Abschnittes nämlich, in dem Ödipus in kürzester Zeit zum Entdecker seiner wahren Herkunft und damit seiner Verstrickung in Verbrechen wird (die Spielzeit und die im Spiel gezeigte Zeitphase sind nahezu identisch).

Einsetzen der Handlung

Sophokles zeigt Ödipus zu Beginn des Dramas in der Fülle seiner Macht als König von Theben und Sucher nach Wahrheit. Dieses Suche führt ihn in erschreckender Selbsterkenntnis zu sich selbst und führt gleichzeitig seinen Fall herbei. Als die Bühnenhandlung einsetzt, sind Vatermord und Inzest längst geschehen, Ödipus ist über Jahre Regent der Stadt Theben, aus seiner Ehe mit Iokaste sind die Kinder Eteokles und Polyneikes sowie Ismene und Antigone hervorgegangen. Da die Pest die Stadt bedroht, hat Ödipus seinen Schwager Kreon zum Orakel des Gottes Apollon geschickt, um dort Rat zu holen. All diese Handlungsvoraussetzungen liegen bereits vor Beginn der Bühnenhandlung; das Drama selbst konzentriert sich auf die letzten Auswirkungen dieser Voraussetzungen und die Zuspitzung auf die Katastrophe, so dass es in reiner Form den Typus des **analytischen Dramas** verkörpert, das im Zuge der „Handlung" die Ursachen für die kommende Katastrophe enthüllt.[26] Dieser Enthüllungscharakter des Dramas,

Dramentypus: analytisches Drama

[26] Dem analytischen Drama steht das Zieldrama gegenüber, das den eigentlichen Konflikt erst entfaltet und auf ein Ziel hin zuspitzt. Wir setzen den Begriff „Handlung" deshalb in Anfüh-

die Lösung eines Rätsels, hat in der begleitenden Literatur dazu geführt, eine Nähe der Tragödie zur Detektiv-Literatur zu konstatieren.[27]

Kompositionsstruktur: Gliederung

Wirft man einen Blick auf die Kompositionsstruktur des Dramas, so fällt zunächst die klare Gliederung ins Auge. Eingefasst vom Prologos und Parodos, dem Einzugslied des Chores, und, am Ende, dem Exodos (inkl. Kommos), finden wir einen Aufbau in vier Hauptszenen (Epeisodion = Hauptszene) und vier Standlieder des Chores (Stasimon = Standlied). Nach dem 1. Kommos (Wechselgesang), ab Vers 725, also in der Mitte des Dramas, liegt ein **Wendepunkt.** Iokaste berichtet Ödipus vom Orakelspruch, der ihr und Laios verkündet habe, Laios werde durch die Hand seines Sohnes sterben. Ödipus erfährt durch Iokaste zudem, dass Laios und sie den ihnen geborenen Knaben mit durchstochenen Fußgelenken ausgesetzt hätten und dass Laios an der Scheide dreier Wagenwege von Räubern erschlagen worden sei. Iokaste verbindet ihre Darstellung mit dem Hinweis, dass sich das Orakel nicht erfüllt habe. Genau diese Hinweise Iokastes aber sind es, die in Ödipus eine große seelische Erschütterung hervorrufen. Ödipus erinnert sich, dass er, auf dem Wege nach Theben, an eben einem solchen Dreiweg in einen Streit geraten sei, bei dem er einen alten Mann erschlagen habe, der ihm, wie Iokaste mitzuteilen weiß, durchaus ähnlich gesehen habe. In Ödipus steigt nun die Angst auf, Teiresias könne mit seinem Vorwurf, Ödipus selbst sei der gesuchte Mörder von Laios, Recht gehabt haben:

„Entsetzlich mutlos bin ich, es könnt der Seher sehend sein." (*KÖ*, V. 747, S. 34).Von nun an beginnt eine doppelte Recher-

rungszeichen, weil die eigentliche Handlung bereits geschehen ist. Schiller hat im Zusammenhang mit dem Drama von der „tragischen Analysis" gesprochen (vergl. Schadewaldt, *Tübinger Vorlesungen*, S. 268).

27 siehe etwa Claus Reinert, S. 7–45 u. Schmidhäuser (siehe auch Kapitel 5 dieser Erläuterung)

che. Ödipus verknüpft die Suche nach dem Mörder des Laios mit Fragen zu seiner eigenen Herkunft. Der Weg in die Katastrophe wird mit der **Peripetie** eingeschlagen, die mit dem Auftritt des Boten aus Korinth verknüpft ist (der Ödipus darüber aufklärt, dass er nicht der leibliche Sohn von Polybos und Merope sei). Diese Erkenntnis (der Bote macht seine Mitteilung, um Ödipus von einer Last zu befreien) ist mit dem **Umschlag ins Gegenteil** verbunden: Das Wissen führt ins Unglück, in die Katastrophe.

Verkehrung der Ausgangspositionen

Sämtliche Ausgangspositionen verkehren sich in ihr Gegenteil: Sucht Ödipus zu Beginn nach einem Mörder, muss er entdecken, dass er selbst dieser Mörder ist. Ist seine Ausgangsposition durch Höhe gekennzeichnet, die sich in der schroffen Haltung gegenüber Teiresias und Kreon offenbart, kommt es nun zu seinem Fall. Hält er sich zu Beginn für einen Wissenden und Sehenden, muss er nun erkennen, dass er die Wahrheit bisher nicht gesehen hat. Ist er zu Beginn der geliebte Führer Thebens, so ist er am Ende nur noch ein „Gebrochener“ (*KÖ*, V. 1347, S. 59).

Vier Schritte der Enträtselung

Die Entwirrung des Rätsels (Wer ist der Mörder? Aber auch: Wer bin ich?) vollzieht sich in **vier großen Schritten**, in deren Zentrum immer Ödipus im Dialog mit einer anderen Figur des Dramas steht. Die **unmittelbaren Handlungsvoraussetzungen**, die Ausgangssituation also, wird im Prologos entfaltet. Kreon kehrt mit der Antwort des Orakels zurück (Laios’ Mörder ist zu suchen und zu bestrafen) und hat bereits den Seher Teiresias in den Palast gebeten.[28]

[28] vergl. auch Schmidhäuser, S. 101–105

1. Schritt

Im **ersten Schritt** offenbart Teiresias des Rätsels Lösung. Er bezichtigt Ödipus, der Mörder seines Vaters zu sein. Und er macht bereits Andeutungen (spricht aber dabei über Ödipus wie über eine dritte Person) über die Verstrickung in den Verstoß gegen das Inzesttabu. Zu diesem Zeitpunkt müssen Ödipus die erhobenen Vorwürfe aber als Ungeheuerlichkeit erscheinen, hat er doch, in der Annahme, Polybos und Merope seien seine leiblichen Eltern, diese verlassen, um den Konsequenzen des Orakelspruchs, den er erhalten hat, zu entgehen. Die Erinnerung an die Tötung eines alten Mannes auf seiner Wanderschaft nach Theben ist Ödipus nicht mehr gegenwärtig. So sieht er Teiresias' Beschuldigungen als Teil einer Intrige gegen sich, in die auch Kreon verwoben ist.

2. Schritt

Der **zweite Schritt** erfolgt im Gespräch mit Iokaste. Als diese vom Orakelspruch und von den Umständen berichtet, unter denen Laios zu Tode gekommen sei, ruft dies in Ödipus die Erinnerung an den Vorfall mit dem alten Mann wach, den er erschlagen hat. Der Verdacht steigt in ihm auf, er könne tatsächlich, wie es Teiresias gesagt hat, der Mörder Laios' sein. Freilich kommt ihm noch nicht der Gedanke, dass er damit zugleich den eigenen Vater getötet hat. Um Gewissheit zu erlangen, will er den einzigen Mann, der den Kampf am Dreiweg überlebt hat, in den Palast einbestellen.

3. Schritt

Der **dritte Schritt** (der Dialog mit dem Boten aus Korinth) konfrontiert Ödipus mit der Erkenntnis, dass er nicht der Sohn des Polybos und der Merope ist, sondern diese ihn vielmehr von einem Hirten empfangen und ihn an Sohnes statt angenommen haben. Iokaste ahnt bereits das drohende Unheil und mahnt Ödipus, nicht weiter nachzuforschen. Dieser aber will nun das Rätsel seiner Herkunft vollends lösen, und sei es um den Preis, dass er erkennen müsse, der Sohn eines Hirten zu sein. Dies ist der letzte Rettungsanker, den Ödipus sieht.

4. Schritt

Das ganze Unheil wird im **vierten Schritt** offenbart, im Dialog mit dem Hirten, in dessen Hand Laios und Iokaste ihren Sohn gegeben haben und der zugleich jener Mann ist, der den Kampf am Dreiweg überlebt hat. Nur zaudernd-zögerlich und unter Drohungen von Ödipus gibt der Hirte sein Wissen preis. Und Ödipus muss erkennen:

> *„Es trat zutage: entstammt bin ich, von wem ich nicht gesollt, verkehr, mit wem ich nicht gesollt, und hab erschlagen, wen ich nicht gedurft." (KÖ, V. 1184/1185, S. 53)*

Auf der Suche nach dem Mörder ist Ödipus bei sich selbst angekommen und hat zugleich das Rätsel seiner Herkunft gelöst. Die vorab verkündete Strafe wendet er nun gegen sich selbst: Er, der Geblendete, lässt sich von Kreon in die Verbannung schicken (Iokastes Tod und seine Selbst-Blendung werden im Botenbericht vermittelt).

Mehrfacher Kreislauf

Mit dieser Selbst-Verbannung schließt sich zugleich ein mehrfacher **Kreislauf.** Wird Ödipus, drei Tage nach seiner Geburt, von der Welt abgestoßen (indem seine Eltern ihn aussetzen), stößt nun er die Welt ab, indem er in die Verbannung geht. Spielen zu Beginn seines Schicksals die Männer aus Theben und Korinth eine entscheidende Rolle (beide waren Hirten im Kithairon-Gebirge), tragen diese beiden Männer nun zur Lösung des Rätsels auf entscheidende Weise bei. Ist ein Orakelspruch (an Laios und Iokaste ergangen) Anstoß für seine Aussetzung, ist ein erneuter Orakelspruch (von ihm selbst gewünscht und von Kreon überbracht) der Anstoß für die Aufdeckung seiner Herkunft und seines Schicksals.

Mit dem vierten Schritt der Enträtselung (im Dialog mit dem Hirten) werden die letzten Handlungsvoraussetzungen ins Drama geholt[29]; zugleich werden die drei Orakelsprüche verifiziert, die das Handeln der Figuren regieren: Der an Laios und Iokaste vor der Geburt des Ödipus ergangene Orakelspruch, der Orakelspruch, den Ödipus selbst, noch in Korinth als vermeintlicher Sohn von Polybos und Merope weilend, vernommen und der ihn zur Flucht aus Korinth veranlasst hat, und der Orakelspruch, den Kreon erhalten hat, denn Laios Mörder ist überführt.

Der Aufbau des Dramas ist ein Grund dafür, dass sich bereits Aristoteles mehrfach auf *König Ödipus* bezieht, wenn er das Wesen der Tragödie herausarbeitet.

29 siehe Übersicht 2 auf S. 60 dieser Erläuterung

Übersicht Nr. 1: Kompositionsstruktur*

Verse:	**1-150**	**151-215**	**216-462**	**463-511**	**512-862**	**863-910**	**911-1085**
Aufbau	Prolog	Parodos	1. Epeis.	1. Sta.	2. Epei. (1. Kommos: 649-696)	2. Sta.	3. Epei.
Ödipus im Dialog mit:	Kreon			Teiresias		Kreon	Iokaste
Schritte der Enträtselung:				**1. Schritt**			**2. Schritt**
Spannungsbogen					**(Wendepunkt ab V.726)**		**(Peripetie ab V. 1008)**
Ödipus' Position		Höhe				Beginn des Falls	
Inhaltselemente:	Suche nach dem Mörder von Laios	Verkündung der Strafe f. den Mörder					Suche nach Ödipus' Herku

* vergl. zu dieser Übersicht N. Zink, S. 42; Schadewaldt setzt mit dem Auftritt des geblendeten Ödipus ein 5. Epeisodion an, wodurch eine nahezu fünfaktige Struktur des Dramas erreicht wird (vergl. hierzu Wolfgang Schadewaldt, *Tübinger Vorlesungen,* S. 270–274). In unserer Übersicht, die sich an der verwendeten Textausgabe orientiert, ist dieser Auftritt Ödipus' Teil des Exodus, der den Auftritt des Dieners (Botenbericht), den Kommos (Chor und Ödipus) sowie den Auftritt Kreons und den Dialog zwischen Kreon und Ödipus umfasst.

1086-1109	**1110-1185**	**1186-1222**	**1223-1530**
3. Sta.	4. Epei.	4. Sta.	Exodus (Kommos: 1297-1366)
Bote (Korinth)	Hirte	Diener	(Botenbericht) Kreon/Ödipus/Chor
3. Schritt	**4. Schritt**		
		Fall	

Enthüllung der Herkunft

Erkenntnis von Vatermord und Inzest

Blendung Übergabe der Macht

Selbstbestrafung

Übersicht Nr. 2: die Handlungsvoraussetzungen und ihre Aufdeckung im Drama

Durch die im Zuge der vier Schritte erfolgende Hereinholung der Handlungsvoraussetzungen setzen sich Geschichte und Vorgeschichte des Ödipus mosaikartig zusammen. Die folgende Übersicht zeigt, an welchen Stellen im Drama welche Handlungsvoraussetzung enthüllt wird.

Handlungsvoraussetzung	**im Drama enthüllt in Vers/durch**
Verfehlung des Laios/Fluch (siehe den 3. Abschnitt dieses Bandes)	*im Drama nicht enthüllt*
Orakelspruch 1 (Laios/Iokaste) Geburt/Verstümmelung/Aussetzung des Knaben, um dem Orakelspruch zu entgehen	*Vers 710 ff./Iokaste*
Rettung des Knaben/Aufdeckung der Identität zwischen dem ausgesetzten Kind und Ödipus	*Vers 717 ff./Iokaste*
Rettung des Knaben/Verbringung nach Korinth/Hinweis darauf, dass Polybos und Merope nicht die leiblichen Eltern Ödipus' sind	*Vers 1160 ff./Hirte*
Orakelspruch 2 (Ödipus)	*Vers 1015 ff./Bote*
Ödipus' Flucht aus Korinth, um dem Orakelspruch zu entgehen	*Vers 775 ff./Ödipus*

Wanderschaft Ödipus'/Kampf am Dreiweg	*Vers 794 ff./Ödipus*
Kampf am Dreiweg	*Vers 800 ff./Ödipus*
Sphinx	*Vers 715 ff./Iokaste*
Ausbruch der Pest	*Vers 31 ff./Priester*
Beauftragung Kreons	*Vers 14 ff./Priester*
Orakelspruch 3/Beginn der Suche nach dem Mörder	*Vers 69 ff./Ödipus*

2.4 Personenkonstellation und Charakteristiken

Ödipus

Ödipus zu Beginn der Handlung: ein beliebter Herrscher

Ödipus ist die das Drama regierende Figur, er ist szenisch fast immer präsent; er hat nicht nur die quantitativ größten Redeanteile, sondern er dominiert, von wenigen Ausnahmen abgesehen, die Dialoge auch qualitativ, treibt sie voran. Dies ist u. a. durch den von ihm angestrengten Untersuchungsprozess bedingt, der sich aus dem Orakel Apollons als Auftrag ableiten lässt. Ödipus ist, das macht der Prologos deutlich, ein bei den Thebanern beliebter Herrscher. Seine Beliebtheit resultiert vor allem aus dem Ansehen, das er sich durch die Befreiung Thebens von der Sphinx erworben hat. So nennt ihn der Priester im Prologos „der Männer Ersten“, den „Besten der Sterblichen“ und den „Retter“. Ödipus, der um dieses Ansehen weiß, begegnet den Thebanern aber nicht als distanzierter Herrscher, sondern als Mit-Leidender und Mit-Fühlender, der nicht Untertanen gegenübersteht, sondern „Kindern“. „O Kinder“ sind die ersten Worte, die wir von ihm hören, gerichtet an die auf ihn wartenden Thebaner (im Prologos verwendet er diese Bezeichnung wiederholt). Ödipus sieht sich in der Verantwortung für die gesamte Polis, und dieses Verantwortungsgefühl ist das eine Antriebsmoment für seine Handlungen (Auftrag an Kreon, den Ratschlag des Orakels einzuholen). Ein weiteres Antriebsmoment für sein Vorgehen liegt darin, dass er, der Rätsellöser, auf die Kraft des Verstandes und der menschlichen Vernunft baut. So wie er einst das Rätsel der Sphinx löste, will er nun abermals ein Rätsel lösen; dieses Setzen auf die Kraft seines Verstandes

Ödipus handelt aus Verantwortung für die Polis

verleitet ihn allerdings dazu, die Worte des Sehers gering zu schätzen und seine Verstandeskraft über die Seherkraft des Teiresias zu stellen. In der Auseinandersetzung mit Teiresias und Kreon zeigen sich sowohl Züge der Unbeherrschtheit als auch des Hochmuts, hier ist Ödipus auf dem Wege, wirklich zum politischen Tyrannen (im Sinne eines diktatorischen Regenten) zu werden, denn recht schnell zieht er aus dem Verhalten Kreons und Teiresias' falsche Schlüsse und droht Kreon mit dem Tode. Er ist in den Dialogen mit Teiresias und Kreon (1. und 2. Epeisodion) noch ganz im Schein (auch seiner eigenen Existenz und Herkunft) verfangen; sein Zorn und seine Missdeutung des Verhaltens und der Aussagen von Teiresias und Kreon resultieren aus diesem begrenzten Horizont, aus dem heraus er hinter den Reaktionen der beiden nur Angriffe auf die Polis und sich selbst ablesen kann. Seine Härte gegenüber Teiresias und Kreon resultiert aus der Unerbittlichkeit des Wissenwollens im Interesse der Polis und ist seinem Willen geschuldet, den Auftrag des Orakels zu erfüllen. Mit der gleichen Härte geht Ödipus auch den Hirten an, um ihm die Wahrheit zu entreißen, eine Wahrheit aber, die seine eigene Existenz in einem für ihn schmerzhaften Erkenntnisprozess in den Mittelpunkt rückt und in Frage stellt. Und mit der gleichen Unerbittlichkeit und Konsequenz ist Ödipus, nachdem der Schleier des Scheins zerrissen ist und er Einsicht in die schrecklichen Zusammenhänge erlangt hat, auch bereit, die Konsequenzen zu tragen. Hierin zeigt sich seine wahre Größe, die jenseits der Größe (des Ansehens und der Macht in der Menschenwelt) liegt, in der er zu Beginn des Dramas erscheint. Die zweifelhaft gewordene Größe der menschlichen Existenz hat er abgelegt; in der (wiedergewonnenen) Übereinstimmung mit Apol-

Züge von Unbeherrschtheit

Erkenntnis und Größe Ödipus'

lon, verbunden mit dem größten Leid, liegt diese wahre Größe.

Iokaste

Iokastes Wirken ist nicht auf den Bereich des Hauses beschränkt; vielmehr greift sie als selbstbewusste Königin in den Streit zwischen Ödipus und Kreon ein, in Sorge um ihren Gatten, aber auch in Sorge um das Wohl der Polis. In den Streit zwischen ihren Ehemann und ihren Bruder gestellt, vermag sie es, durch kluges Einwirken und eine geschickte Lenkung des Gesprächs, eine weitere Eskalation zu verhindern. Auch sie kann die Geschehnisse aber nur mit menschlicher Logik erfassen. Da sich, ihrem Glauben nach, das an sie und Laios ergangene Orakel nicht bewahrheitet hat, zweifelt sie auch den Wahrheitsgehalt der weiteren Orakel an. Diese Zweifel sind der Situation geschuldet, nicht aber Zeichen einer grundsätzlichen Gottesferne. Als sie erkennt, dass ihre Annahme falsch gewesen ist und die schrecklichen Zusammenhänge sich ihr bereits offenbaren (im Gespräch mit dem Boten aus Korinth), versucht sie noch (vergeblich allerdings), Ödipus vor eben diesen schrecklichen Einsichten zu bewahren, um seinen Sturz ins Elend zu verhindern. Ödipus' und Iokastes Schicksal sind jedoch unentrinnbar miteinander verbunden; Iokastes frühere Versuche, den Orakelsprüchen zu entgehen (Aussetzung des Kindes) führen in tragischer Konsequenz ebenso ins gemeinsame Elend, wie es ihre Entlastungsversuche in den Gesprächen mit Ödipus tun. Nichts könnte die Verknüpfung der Schicksale von Ödipus und Iokaste szenisch deutlicher vergegenwärtigen, als jener gemeinsame Gang ins Haus (am Ende des 2. Epeisodions), in dem sich Mutter und Sohn als Ehefrau und Ehemann und Eltern der gemeinsamen Kinder begegnen.

Einsicht in das Verhängnis

Kreon

Gemessen an den Vorwürfen, denen sich Kreon ausgesetzt sieht, bleibt er erstaunlich gelassen; ruhig, sachlich und logisch argumentierend weist er im Streitgespräch mit Ödipus die Vorwürfe zurück. In der Schlussszene tritt er nicht zornig oder rachsüchtig gegenüber Ödipus auf, sondern bleibt der, als der er uns zu Beginn des Dramas begegnet, auf den Willen Apollons verweisend und auf dessen Ratschluss setzend. Aus diesem Festhalten an Glaubensgrundsätzen resultiert sein bestimmtes Auftreten gegenüber Ödipus am Ende des Dramas. Seine Zurückweisungen der Wünsche des Ödipus, die sich im imperativischen Sprachgebrauch niederschlagen und sehr hart und schroff klingen („Los, geh in das Haus hinein!"), haben hier ihren Grund, nicht aber in einer persönlichen Motivation, die auf Demütigung des geschlagenen Ödipus aus ist. Er erweist sich als der „Edle", als der Ödipus ihn anspricht (vergl. V. 1510), und kommt der Bitte, Ödipus die Hand zu reichen, ohne Zögern nach (siehe Regieanweisung im Nebentext nach V. 1510). Dramaturgisch ist er Ödipus als Kontrastfigur gegenübergestellt, dessen Sturz und Niedergang durch seine Konstanz hervorhebend.

Kreon als Kontrastfigur

Teiresias

Teiresias ist eine dem thebanischen Sagenkreis zugehörige Figur. Dem Mythos nach war er einer der Spartoi, ein Sohn des Eueres und der Nymphe Chariklo. Er soll einmal zwei Schlangen gesehen haben, die sich paarten. Als er die weibliche tötete, wurde er in eine Frau verwandelt, bis er sich, erneut zwei sich paarende Schlangen beobachtend, diesmal aber die männliche tötend, in sein ursprüngliches Ge-

Teiresias: die mythologische Figur

schlecht zurückverwandelte. Sein Augenlicht soll ihm Hera aus Zorn genommen haben, als er, in einem Streit zwischen Hera und Zeus darüber befragt, welches Geschlecht die größere Freude an der Liebe hätte, zur Antwort gegeben haben soll, die Frau habe neunmal soviel Freude an der Liebe wie der Mann. Zeus habe ihn daraufhin mit der Seherkraft und einem langen Leben ausgestattet. Eine Variante des Mythos führt Blindheit und Seherkraft darauf zurück, dass Teiresias einmal Athene beim Bade beobachtet habe, eine dritte Variante macht ihn (als Sohn einer Nymphe) von Geburt an zum Seher und nennt als Grund für seine Blendung den Verrat von Geheimnissen der Götter.[30]

Apollon spricht aus Teiresias

Teiresias tritt Ödipus als wirklich Wissender entgegen; sein Mund verkündet die unumstößlichen Wahrheiten, an denen nicht zu zweifeln ist. Dass er sein Wissen nicht gänzlich offenbart – zwar bezeichnet er Ödipus als Mörder des Laios, spricht aber über Ödipus' gesamtes Schicksal wie über das einer dritten Person –, geschieht, weil Ödipus den Erkenntnisprozess selbst durchlaufen soll und muss, um so an sich selbst die Größe Apollons zu erfahren.

Bote und Hirte

Nebenfiguren von Bedeutung

Der Bote aus Korinth und der Hirte sind Figuren von Bedeutung und als solche gestaltet. Durch sie, zwei einfache Männer, kommt Ödipus seinem Schicksal auf die Spur. Und auch sie sind, wenngleich in kleinerem Maße als Ödipus, tragische Figuren. Beide handelten einst in guter Absicht, aus Mitleid und um ein großes Übel zu verhindern. Beide verlassen am Ende des Dramas die Bühne als vom Schicksal Geschlagene und haben

30 Siehe hierzu H. J. Rose, S. 189 f.

Anteil am Übel. Der eine, der Bote aus Korinth, kommt zu Ödipus mit einer traurigen und frohen Botschaft zugleich und hat die feste Absicht, Ödipus von Sorgen zu entlasten, indem er ihm offenbart, dass er nicht der leibliche Sohn von Polybos und Merope sei. Mit ihm aber vollzieht sich die Peripetie. Der andere, der Hirte, hat in jahrelangem Schweigen und in Furcht gelebt und sieht sich nun doch, entgegen seinem Willen, mit dem entsetzlichen Geschehen konfrontiert. Beide haben, durch ihre in guter Absicht ausgeführten Taten, einen Teil zur Erfüllung der Orakel beigetragen. Somit zeigt sich auch an diesen beiden Figuren die Wahrheit der Götter.

Der Chor

> *„Den Chor muss man ebenso einbeziehen wie einen der Schauspieler, und er muss ein Teil des Ganzen sein und sich an der Handlung beteiligen – nicht wie bei Euripides, sondern wie bei Sophokles."*[31]

Der Chor als Mitspieler

Diese Forderung von Aristoteles findet in Sophokles' *König Ödipus* mit jeder Chorpassage ihre Bestätigung. Der Chor kommentiert nicht als Außenstehender und von einer höheren Warte aus das gesamte Geschehen, sondern er wird wie ein Mitspieler in die Handlung einbezogen. Seine Einlassungen sind immer vom jeweiligen Stand der Dinge bestimmt und durch einen begrenzten Horizont gekennzeichnet. Auch der Chor unterliegt, wie Ödipus selbst, zunächst dem Schein und erfasst das Wesen der Geschehnisse erst im Zuge des Enthüllungsprozesses. Diese Begrenztheit des Chores zeigt sich in seinen Fehlurteilen und vorschnellen Schlüssen. Gleichwohl bringt der Chor, ganz

Begrenztheit

---

33 Aristoteles, *Poetik*, ebd., S. 59

besonders in den Schlussversen, grundsätzliche (theologische) Anschauungen zum Ausdruck, wenn er am Beispiel des Ödipus Schlüsse für die Existenz des Menschen überhaupt zieht.

2.5 Sachliche und sprachliche Erläuterungen

Die als Primärquelle verwendete Textausgabe des Reclam-Verlages enthält einen umfangreichen Katalog von „Anmerkungen", so dass sich die hier gegebenen sachlichen und sprachlichen Erläuterungen auf einige zusätzliche Informationen zum kultischen Kontext des Dramas beschränken können.

Die Einbettung des Theaterspiels in den kultischen Kontext und die Förderung des Theaterspiels durch die Polis haben mit zur Blüte der Gattung Drama in dieser Zeit beigetragen. Auf der Bühne herrschte das freie Wort, der Staat griff in die Texte nicht zensierend ein. Aber das Verfassen von Dramen unterlag bestimmten Regeln, innerhalb derer die Autoren ihre Schöpferkraft entfalten konnten. Der Stoff der Tragödien speiste sich aus den Mythen, den Sagenkreisen. In der Frühzeit lassen sich auch geschichtliche Themen finden, erst ab dem Ende des 5. Jahrhunderts tauchen „frei erfundene" Stoffe auf. Diese mythischen Stoffe waren dem Publikum bekannt, entweder aus dem mythischen Sagenkreis selbst oder aus bereits vorgenommenen Bearbeitungen. Aber auch in formaler Hinsicht waren Regeln zu beachten. Eine Tragödie musste so angelegt sein, dass ihre 7–11 Handlungsträger von drei (zunächst zwei) Schauspielern dargeboten werden konnten; der Auftritt und die Rolle des Chores waren zu beachten, Vorgaben für die Sprache und natürlich die Aufführungsbedingungen selbst (die Anlage der Spielstätte). Diese Regularien haben aber ganz offensichtlich die Produktivität der Dramatiker nicht gehemmt, sondern ihre Kreativität eher gefördert, was sich nicht nur aus der großen Anzahl von Dramen, die der Dichter-Trias

Regeln der Dramen

Aischylos, Sophokles und Euripides zugesprochen werden (rund dreihundert), ablesen lässt, sondern aus der Anzahl der aufgeführten und verfassten Werke überhaupt. Wir können davon ausgehen, dass im 5. Jahrhundert etwa 1000 Tragödien und um die 500 Komödien entstanden sind. Auf diese umfangreiche Theaterpraxis und die Vielzahl der entstandenen Werke konnte Aristoteles (384–322 v. Chr.) rekurrieren, als er mit seiner *Poetik* den Versuch einer Theorie der Tragödie unternahm. Die *Poetik* setzt sich mit der Epik und der Tragödie auseinander.

Die Poetik des Aristoteles

Die Grundbestimmung für eine Tragödie nimmt Aristoteles im 6. Abschnitt der *Poetik* vor, wenn er schreibt:

Bestimmung der Tragödie

> *„Die Tragödie ist Nachahmung einer guten und in sich geschlossenen Handlung von bestimmter Größe, in anziehend geformter Sprache, wobei diese formenden Mittel in den einzelnen Abschnitten je verschieden angewandt werden – Nachahmung von Handelnden und nicht Bericht, die Jammer und Schaudern hervorruft und hierdurch eine Reinigung von derartigen Erregungszuständen bewirkt."*[32]

Zunächst einmal legt Aristoteles fest, dass ein Drama „Nachahmung" (Mimesis) ist, und zwar Nachahmung von handelnden Menschen. Nachahmung gilt ihm als Ursprungs- und Wesensmerkmal der Dichtkunst überhaupt (die Möglichkeit und die Freude an der Nachahmung ist, so Aristoteles, dem Menschen eingeboren und unterscheidet ihn von den Tieren). Allerdings erfolgt sie im Drama in spezifischer Weise; wir bekommen im Drama eine *Handlung* gezeigt (vorgeführt),

[32] Aristoteles, S. 19. Der Hinweis von Aristoteles, es gehe um die Nachahmung von Handelnden und nicht um „Bericht", grenzt das Drama vom Epos ab.

Nachahmung erfolgt im Drama über Handlung, nicht über Bericht. Diese Handlung ist von bestimmter *Größe*, und sie muss verschiedene Elemente enthalten, wobei diesen Elementen (Handlungsabschnitten und Bestandteilen des Dramas) eine jeweils spezifische *geformte Sprache* zugeordnet ist. Das Gezeigte muss *Jammer* und *Schaudern* hervorrufen und eine *Reinigung* von diesen Zuständen bewirken. Mit der letzten Bestimmung geht Aristoteles darauf ein, was die Tragödie im „Zuschauer bewirken soll".

Handlungsführung

Das Erreichen der von Aristoteles vorgenommenen Zielbestimmung der Tragödie (Erregung von Jammer und Schaudern sowie Reinigung von diesen Erregungszuständen) ist aufs Engste mit der Handlungsführung und den Charakteren verknüpft, den beiden wichtigsten qualitativen Elementen. Bei der Handlungsführung spielen drei „Bausteine" eine wesentliche Rolle: die **Peripetie** (der Umschlag dessen, was erreicht werden soll, in das Gegenteil; im *Ödipus* angesiedelt im 3. Epeisodion mit dem Auftritt des Boten aus Korinth), das **Wiedererkennen** (Unkenntnis wird zu Kenntnis, z. B. über die Wiedererkennung von Personen) sowie das **schwere Leid** (ein verderbliches oder schmerzliches Geschehen, etwa ein Todesfall). Aristoteles' Wertschätzung des Ödipus-Dramas beruht u. a. darauf, dass Peripetie und Wiedererkennen in der Boten-Szene in eins fallen, also nicht als getrennte Elemente in zeitlicher Abfolge auftreten. Nun ist mit einer solchen (wenngleich auch gelungenen) Konstruktion des Ineinanderfallens von Peripetie und Wiedererkennen die Zielvorgabe noch nicht erreicht; vielmehr muss noch der Charakter ins Spiel kommen, der, von dieser Konstellation getroffen, ins Unglück stürzt. Nach Aristoteles soll der „Held" ein Charakter sein,

Charaktere

„(...) der nicht trotz seiner sittlichen Größe und seines hervorragenden Gerechtigkeitsstrebens, aber auch nicht wegen seiner Schlechtigkeit und Gemeinheit einen Umschlag ins Unglück erlebt, sondern wegen eines Fehlers – bei einem von denen, die großes Ansehen und Glück genießen, wie Ödipus (...).“[33]

Der Fehler, von dem Aristoteles hier spricht, ist nicht im Charakter selbst zu suchen, sondern meint die Fehleinschätzung einer Situation, teilweise bedingt durch eine Schwäche in der Einsicht und durch die Überschätzung der eigenen Erkenntnisfähigkeit (wenngleich dies natürlich in Beziehung zu einer Charakterschwäche zu sehen ist). Worin besteht aber nun dieser Fehler bei Ödipus?

Ödipus' Fehler

Zunächst einmal darin, dass er, in der guten Absicht, den Konsequenzen des Orakels ausweichen zu können, das scheinbar Richtige tut, indem er aus Korinth flieht. Diese Lösung, die, nach dem Verstand des Menschen als richtig und im Bewusstsein von Ödipus als moralisch und klug zugleich erscheinen muss, setzt aber bereits voraus, der Mensch könne mit seiner Klugheit, sozusagen durch einen geschickten taktischen Zug, die Bestimmung der Gottheit aushebeln. Ödipus stellt seine Klugheit über die Weisheit Apollons. Genau diese vermeintliche Klugheit, die Ödipus in seinem Tun antreibt, führt aber dazu, den Orakelspruch zu vollziehen und die Macht Apollons überhaupt ins Werk zu setzen. Ödipus versteht sich als der große Rätsellöser, der durch intellektuelle Anstrengung auch die gegenwärtigen Probleme Thebens lösen könne. Dabei erkennt er nicht, dass das berühmte Rätsel der Sphinx in Frage und Antwort zunächst nur auf der Oberfläche angesiedelt war, weil es den Menschen in seiner biologischen Existenz und

---

33 Aristoteles, S. 39

Entwicklung zum Gegenstand hatte (auf die Phase der Kindheit folgen die Phasen des Erwachsenseins und des Alters). Übersehen hat Ödipus allerdings die viel tiefer gehende Symbolik, die hinter dem Rätsel steht.

Das Rätsel der Sphinx

„Es ist ein symbolisches Rätsel: Seine Lösung ist ‚Mensch'. Indem er diese Lösung fand, die niemand sonst zu finden vermochte, hat Ödipus eine Formel für das Wesen ‚Mensch' angenommen. Sie bedeutet aber nur einen ersten Schritt. Das Sein des Menschen ist wesentlich nicht beschlossen in der Formel der Sphinx: Sie gibt nur eine erste Annäherung an diese erste und letzte Frage. Ödipus hat das Rätsel nicht wirklich gelöst. Es ist also ein logischer Progressus, dass die Frage ihm nochmals gestellt wird, und das in der unentrinnbarsten Form."[34]

Diese Frage nach dem Wesen des Menschen wird angesichts des Schicksals von Ödipus in den Schlussworten des Chores beantwortet (siehe *KÖ*, V. 1524 ff.). Erst am Lebensende eines Menschen, so der Chor, werde sich erweisen, ob sein Glück von Dauer gewesen sei. Ödipus' Sturz, dies kommt in Sophokles' Tragödie hinzu, vollzieht sich in wenigen Stunden (an einem Vormittag) mit ungeheurer Rasanz und voller Wucht und zeigt so exemplarisch, wie schnell der Mensch ins Unglück stürzen kann.[35]

Ödipus' Fall und die Katharsis

Dieser – im doppelten Sinne – Fall des Ödipus soll nun, wir kommen damit auf die Grunddefinition von Aristoteles zurück, „Jammer und

[34] Günther Zuntz, *Ödipus und Gregorius*, in H. Diller (Hg.), Sophokles, S. 362 f.

[35] Wenn der Chor von Ödipus' Glück spricht, so spielt er damit auf sein Tyrannentum an (Originaltitel der Tragödie: *Oidipus Tyrannos*). Der Begriff des Tyrannen ist doppeldeutig. Im Drama ist er zunächst einmal nicht politisch aufzufassen (politischer Diktator, Willkürherrscher), sondern bezieht sich auf das Königtum Ödipus' und ist positiv konnotiert: „Tyrannentum heißt, in den Tragödien, ganz allgemein ‚das höchste Los', ‚höchstlichst bewundert', ‚das höchste nächst dem Gottsein'." (G. Zuntz, S. 363).

Schaudern" hervorrufen und eine „Reinigung von derartigen Erregungszuständen" bewirken. Die Tragödie soll also zunächst bestimmte Affekte im Publikum bewirken (indem das Scheitern eines Helden auf Grund eines Fehlers vorgeführt wird); zugleich wird das Publikum durch die Entladung dieser Affekte von ihrem Übermaß „gereinigt", wobei dieser Prozess angebunden ist an das in der Fabel gezeigte sittliche Modell und insofern auch mit einer sittlichen Läuterung (Reinigung) einhergeht.[36]

Der Begriff **Katharsis** (Reinigung/Läuterung) ist zum entscheidenden Begriff der Aristoteles-Rezeption und der Entwicklung einer Theorie des Dramas überhaupt geworden, und dies, obwohl (oder vielleicht auch weil) Aristoteles ihm in der *Poetik* keinen eigenen erläuternden Abschnitt widmet.[37] Die Deutung des Begriffs, oft schon abhängig von der Übersetzung, die zugleich immer auch eine Interpretation ist, wandelt sich im Laufe der Rezeptionsgeschichte. Gemeinsam ist allen Übersetzungen und Deutungen lediglich, dass der Begriff umstritten ist.[38]

---

[36] Es handelt sich also nicht nur um einen reinen psycho-physischen Vorgang (Affektentladung).

[37] Der Begriff Katharsis wurde in zwei Bereichen verwendet: Im kultisch-religiösen Bereich bezeichnet er die Reinigung von einer Befleckung (Purifikation), im medizinischen Bereich ist er der Terminus einer Purgierung, das Ausscheiden schädlicher Substanzen (vergl. Fuhrmann, S. 164).

[38] Eine geraffte Übersicht zur Aristoteles-Rezeption findet sich etwa bei G. von Wilpert, *Sachwörterbuch der Literatur*, Stuttgart 1969, S. 382.

2.6 Stil und Sprache

In der oben zitierten Grundbestimmung der Tragödie (siehe 2.5) weist Aristoteles auf die Notwendigkeit der „anziehend geformten“ Sprache hin und führt zugleich aus, dass die „formenden Mittel in den einzelnen Abschnitten je verschieden angewandt werden“ müssen. Die „geformte Sprache“, die Aristoteles als Kategorie nennt, umfasst u. a. die Versverwendung, die in den verschiedenen Teilen der Tragödie unterschiedlich gehandhabt wird.

Metrik

Die antike Metrik ist quantitierend. Es handelt sich also nicht um eine Abfolge von betonten und unbetonten Silben, sondern um eine Folge von Längen und Kürzen, wobei an bestimmten Stellen eine kurze oder lange Silbe stehen kann. Die verschiedenen Kombinationsmöglichkeiten von Kürzen und Längen führen zu unterschiedlichen Versarten.

Bei den Sprechversen, also in den dialogischen Partien, herrscht der jambische Trimeter vor (metron = Maß/drei jambische Metra oder Dipodien ergeben sechs jambische Füße). In der Parodos, die teilweise gesungen und teilweise rezitiert wurde, tauchen in den rezitativen Passagen Anapäste auf; für das Stasimon legt Aristoteles in der *Poetik* fest, dass keine Anapäste und Trochäen verwendet werden dürfen (vergl. Aristoteles, *Poetik*, S. 37), wobei sich in den Stasima von Aischylos, Sophokles und Euripides diese Versmaße durchaus finden lassen. In den Chorpartien kommen unterschiedliche Rhythmen zur Anwendung.[39]

Aristoteles' Hinweis auf die Sprache greift aber über die Versverwendung hinaus und bezieht die Gestaltung der Sprache

[39] Ausführlichere Hinweise zur Versverwendung lassen sich finden bei B. Zimmermann, S. 23–26

überhaupt mit ein, also den Aufbau und die Verwendung von Worten und Bildern sowie stilistischen Figuren.[40]

Metaphorik

Im Bereich der semantischen Felder des *Ödipus* spielen die **Licht- und Augen-Metaphorik** und die **Krankheitsmetaphorik** eine besondere Rolle. Diesen beiden semantischen Feldern wollen wir uns zunächst zuwenden. Abschließend soll dann ein Blick auf die **Dialogführung** geworfen werden.

Der Enthüllungsprozess, den das Drama zeigt und als Untersuchungsprozess mit Verhörsituationen organisiert, ist durch eine **Licht- und Augen-Metaphorik** gekennzeichnet, die in den einzelnen Abschnitten des Dramas über vielfältige Verweisungszusammenhänge hergestellt wird und einen Spannungsbogen aufbaut, der sich von der Teiresias-Szene bis zum Exodos zieht.[41]

Zu Beginn des Gesprächs mit Teiresias ist sich Ödipus des Unterschiedes zwischen „sehen" (mit den Augen sehen) und „verstehen" (die Dinge erkennen) durchaus bewusst (siehe V. 300 ff.).

Als Teiresias, auf Ödipus' Drängen hin, diesem offenbart, dass Ödipus selbst der gesuchte Mörder ist, vermutet Ödipus ein Komplott zwischen Kreon und Teiresias, um ihn zu stürzen, und verwirft die zuvor geäußerte Einsicht über den Unterschied zwischen „sehen" und „wissen" (begreifen). Er spricht Teiresias die Kraft zur Wahrheit unter Anspielung auf Teiresias' Blindheit ab (siehe V. 370 ff.). Ödipus verschließt sich hier der Einsicht, dass Teiresias über Wege der Erkenntnis der Wahrheit verfügt, die über die Kraft der menschlichen Ratio hinausgehen, und verhöhnt Teiresias. Mit aller Schärfe

---

40 vergl. hierzu Aristoteles, S. 63–77

41 Kurt Steinmann weist darauf hin, dass das Verb „phainein" (zeigen/ans Licht bringen) und seine Komposita sechsunddreißigmal im Drama auftauchen und sich Synonyma zweiundzwanzigmal finden lassen (vergl. K. Steinmann, S. 75).

ruft Teiresias Ödipus daraufhin den Unterschied zwischen „sehen“ und „wissen“ ins Gedächtnis:

SEHEN und WISSEN

> *„Ich sage dir, da du auch meine Blindheit hast verhöhnt:*
> *Du hast zwar Augen und siehst doch nicht, wie tief du steckst im Übel (...).“* (*KÖ*, V. 411 ff., S. 20)

Ödipus durchläuft im Zuge der Enthüllung des Rätsels einen schmerzlichen Erkenntnisprozess, der ihn auch Einsicht gewinnen lässt in die Beschränktheit seines Sehens mit den Augen, d. h. des Begreifens mit dem Verstand. Er muss erkennen, dass er mit den Augen nur die Oberfläche der Dinge gesehen hat. Teiresias aber hat, obgleich blind, nicht, wie Ödipus, den Schein, sondern das Wesen der Vorgänge erfasst. Als die Wahrheit ans Licht gekommen, der Wesenskern enthüllt ist, tritt auch Ödipus – als Geblendeter, aber Einsichtiger – ans Licht. Er tritt, nach seiner Selbstblendung, aus dem Inneren des Palastes hinaus an die Öffentlichkeit; dieser Gang ist aber zugleich ein Gang des Heraustretens der Wahrheit und Wahrhaftigkeit aus dem bisher Verhüllten und Verborgenen. Das Motiv des „Blind-Seins“ und „Sehend-Werdens“, das im Drama über die Licht- und Augen-Metaphorik aufgebaut wird, hat in der Literatur vielfältige Ausformungen erfahren. So begegnet es uns im *Buch Hiob*, wo Hiob erst nach den Schlägen, die ihn treffen, zur Einsicht kommt, die Macht Gottes erkennt und sagt: „Ich hatte von dir nur vom Hörensagen vernommen; aber nun hat mein Auge dich gesehen. Darum spreche ich mich schuldig und tue Buße in Staub und Asche.“ (*Buch Hiob*, 42, 5/6) Und es findet sich, um ein Beispiel aus der Literatur unseres Jahrhunderts zu nennen, in Döblins Roman *Berlin*

Ein-Sicht

Alexanderplatz, in dem der Protagonist (Franz Biberkopf) auf den Weg der Einsicht und der Weltsicht gebracht wird.[42]

Krankheit und Heilung

Ein weiteres bedeutendes semantisches Feld im *Ödipus* wird durch Begriffe aus dem Bereich **„Krankheit – Befleckung – Heilung"** aufgebaut (siehe hierzu auch den Abschnitt 2.7). Eröffnet wird dieses Wortfeld bereits im „Prologos" durch die Personifizierung der Stadt Theben, die, einem Kranken gleich, das Haupt nicht mehr heben könne und dahinsieche (vergl. *KÖ*, V. 20 ff., S. 4 f.). Bleibt die Personifizierung Thebens noch auf der Ebene der körperlichen Leiden stehen, so weitet Ödipus den Krankheitsbegriff aus, indem er die seelischen Schmerzen anspricht, die die Erkrankung der Stadt in ihm hervorruft (vergl. *KÖ*, V. 60 ff, S. 6). Über Kreon, der die Botschaft Apollons übermittelt, wird im Gespräch mit Ödipus das Wortfeld vollends umrissen, indem die Begriffe der Befleckung und der Reinigung eingeführt werden. Damit wird zugleich deutlich, dass die Krankheit, unter der die Stadt leidet und die sich in „körperlichen" Symptomen offenbart, ihre Ursachen im religiös-sittlichen Bereich hat, in der „Befleckung", von der es die Stadt reinzuwaschen gilt, um sie zu heilen. Die beiden genannten Wortfelder sind im Drama mannigfaltig miteinander verschränkt und bauen so eine **Isotopieebene** mit **komplexen Verweisungszusammenhängen** auf, die auch das Publikum einbeziehen, bei dem der kathartische Effekt (die Reinigung) hervorgerufen werden soll.

Befleckung/Reinigung

Im Bereich der **Dialogführung** ist zunächst die (quantitative) Dominanz von Ödipus festzuhalten. Diese ist einerseits dadurch bedingt, dass Ödipus in den meisten Szenen präsent

---

[42] siehe zu Döblins Roman und der Licht- und Augenmetaphorik B. Matzkowski, *Erläuterungen zu Alfred Döblin, Berlin Alexanderplatz*, Bange Verlag, Hollfeld 1998, S. 87–89 und S. 98–101

ist, andererseits aber auch dadurch, dass er in den Szenen selbst nahezu immer die größten Redeanteile hat.

Dialoge im Drama können einen bestimmten Gesprächstyp verkörpern (z. B. Erörterung, Streitgespräch, Interview, Debatte). Die Ausgangssituation (Suche nach dem Mörder des Laios und Überführung des Täters), die einer strafprozessualen Recherche nahe kommt, führt dazu, dass die Dialoge in Sophokles' *König Ödipus* oft einen **Verhörcharakter** haben. Unterstützt wird der Aufbau des Verhörcharakters der Dialoge durch die Technik der **Stichomythie** (Rede und Gegenrede wechseln von Vers zu Vers), derer sich Sophokles bedient. Im verbalen Schlagabtausch treibt Ödipus seinen Gesprächspartner in die Enge. Auf den Versuch des Hirten, einer Frage auszuweichen („Nicht, bei den Göttern, nicht, Herr, frage weiter!") kontert Ödipus ohne Umschweife („Verloren bist du, frage ich dich dieses noch einmal!"). Einwände, Ausflüchte und Unverbindlichkeiten lässt Ödipus nicht gelten, konkrete Antworten stets mit Imperativen anmahnend. Auf das „Weh mir! Dicht am Schrecklichen bin ich, es zu sagen!" des Hirten folgt umgehend Ödipus' Befehl, den Satz des Hirten gleichwohl aufgreifend: „Und ich zu hören! Doch gehört sein muss es!" (vergl. *KÖ*, V. 1170, S. 52).

Dialoge als Verhöre

Stichomythie

Teiresias als Dialogpartner

Deutlich durchbrochen wird Ödipus' Dominanz in den Dialogen der Teiresias-Szene. Beide Dialogpartner erweisen sich als Meister des Worts, greifen in den stichomythisch organisierten Passagen des Dialogs Begriffe des kommunikativen Gegenübers auf und treiben in scharfen Wortgefechten, die zugleich einen Spannungsbogen aufbauen, das Gespräch voran:

„Ödipus

Wer geriete nicht in ***Zorn****, wenn er solche* ***Reden***
hört, mit denen jetzt du diese Stadt entehrst?

Teiresias

Kommen wird *es von allein, deck ich 's auch mit* ***Schweigen***
zu.

Ödipus

So musst du mir, was ***kommen wird,*** *auch* ***sagen****!*

Teiresias

Ich möchte nichts mehr ***sagen****! Tobe, wenn du willst,*
darob im ***Zorn****, und sei er noch so grimmig!*

Ödipus

O ja! Und auslassen werd ich nichts in meinem ***Zorn*** *von dem,*
was mir da dämmert (...).“

(vergl. *KÖ*, V. 339 ff., S. 17, Hervorhebungen nicht im Original)

Dass Ödipus in Teiresias ein ebenbürtiger Dialogpartner gegenübersteht, hat mehrere Gründe. Allen Dialogpartner, mit Ausnahme von Teiresias, ist Ödipus vom Status her übergeordnet (das gilt auch für Iokaste und Kreon). Er kann ihnen gegenüber als König, als Inhaber der Macht, als Ehemann und als Rätsellöser auftreten. Für Teiresias und seine Beziehung zu Ödipus spielen diese „weltlichen“ Faktoren aber überhaupt keine Rolle. Aus Teiresias spricht die Weisheit Apollons, und somit ist er in einer „überweltlichen“ Sphäre aufgehoben. Die Einschüchterungsversuche Ödipus' berühren ihn letztlich nicht. Er weiß bereits um die Wahrheit, die Ödipus ja erst noch entdecken muss. Und so ist es nur konsequent, wenn im Dialog nicht Ödipus das letzte Wort hat, sondern das 1. Epeisodion mit einem Monolog von Teiresias endet, in dem er bereits des Rätsels ganze Lösung andeutet und, mit einer Kette

von Imperativen, Ödipus in den Palast schickt mit dem Auftrag, über das Gesagte nachzudenken.
„(...) Und nun geh hinein und sinn darüber nach! Und fassest du als Lügner mich, dann sage, dass ich in der Seherkunst nichts weiß!" (*KÖ*, V. 460 ff, S. 22)

Stilmittel	**Erklärung**	**Beispiel**
Klimax	Anordnung einer Wort- oder Satzreihe nach steigerndem Prinzip	*„Hör auf sie! Wolle es! Besinne dich, Herr, ich fleh dich an!" (V. 649 f.)*
Emphase	entsteht durch Betonung oder Umstellung	*„Den Eid gebundenen Freund verklage nie ehrverletzend (...)." (V. 656 f.) Das Akkusativobjekt (den Eid gebundenen Freund) wird hier durch die Spitzenstellung betont.*
Chiasmus	Überkreuzstellung von Satzgliedern, die sich syntaktisch oder bedeutungsmäßig entsprechen	*„Ich gehe, von dir **verkannt**, **gerecht** jedoch vor diesen." (V. 677 f.)*
Ausruf		*„Weh mir! Ich Armer!" (V. 744)*
Personifikation	Verlebendigung	*„(...) die Stadt (...) kann das Haupt nicht mehr erheben" (V. 22 f.)*
Parallelismus	Wiederholung der Satzteilreihenfolge	*„Denn Recht hat Phoibos, Recht hast du (...)." (V. 133)*

Stilmittel	Erklärung	Beispiel
Antithetik	Gegensätze, Kontrastbildung	*„blind statt sehend, Bettler anstatt reich" (V. 454 f.)*
Metapher	bildhafter Vergleich	*„das zweifach mütterliche Saatfeld" (V. 1256 f.)*
Enumeratio	Aufzählung	*„Väter, Brüder, Söhne – alle vom gleichen Blut" (V. 1406)*
Anrede	Anrede Dritter, z. B. des Publikums	*„O Bewohner Thebens, meiner Vaterstadt" (V. 1524)*

2.7 Interpretationsansätze

Dieser Abschnitt des Bandes behandelt einige Aspekte des *Ödipus*-Dramas von Sophokles, die zum Gesamtverständnis der Tragödie beitragen sollen. Die einzelnen Abschnitte sind als Hilfen für eine Interpretation zu verstehen, die im Zusammenhang mit den anderen Abschnitten des Bandes und den zur Verfügung gestellten Materialien (Abschnitt 5) ein eigenes Verständnis ermöglichen sollen; wir präsentieren also keine vollständige (abgerundete) Interpretation der Tragödie, sondern „Bausteine“ zum Verständnis und zur eigenen Auslotung des Dramas.

Tragik, Schuld, Verbrechen

> *„Wie kein anderes Werk erscheint der König Ödipus in seinem Handlungsgewebe von Tragik durchwirkt. Auf welche Stelle im Schicksal des Helden der Blick sich auch heftet, ihm begegnet jene Einheit von Rettung und Vernichtung, die ein Grundzug alles Tragischen ist. Denn nicht Vernichtung ist tragisch, sondern dass Rettung zur Vernichtung wird, nicht im Untergang des Helden vollzieht sich die Tragik, sondern darin, dass der Mensch auf dem Weg untergeht, den er eingeschlagen hat, um dem Untergang zu entgehen.“* (Peter Szondi, *Versuch über das Tragische*)[43]

Zum Begriff „Tragik“

In unserem alltäglichen Sprachgebrauch verwenden wir den Begriff des „Tragischen“ anders, als er hier im Kontext der Ödipus-Tragödie zu verstehen ist. Wir sind geneigt, Unglücksfälle und Katastrophen aller Art, etwa ein Zugunglück, bei dem Menschen

[43] Peter Szondi, zitiert nach Bernhard Zimmermann, *Die griechische Tragödie*, München 1986, S. 84

ihr Leben lassen, als „tragisch" zu bezeichnen. Das tragische Schicksal von Ödipus ist allerdings gänzlich anderer Natur; seine Tragik besteht darin, dass er alles unternimmt, um dem Untergang zu entkommen und dem vom Orakel vorausgesagten Schicksal auszuweichen. Gerade durch diese Versuche aber, die der Rettung dienen sollen, vollzieht sich der Untergang und wird die Weissagung des Orakels erfüllt.

Ödipus' gute Absicht ist es, dem Orakelspruch zu entgehen, indem er, im Glauben, Polybos und Merope seien seine Eltern, Korinth verlässt („Und ich, als ich dies angehört, mied das Land Korinth, ermaß hinfort es an den Sternen nur, und floh dorthin, wo niemals ich die Schmach der bösen, mir erteilten Sprüche sich erfüllen sähe.", *KÖ*, V. 794–797, S. 36).

Als der Bote aus Korinth erscheint, um den Tod von Polybos anzuzeigen, und Ödipus die Königskrone Thebens anbietet, ist Ödipus zwar bestürzt über den Tod von Polybos, dennoch zugleich erleichtert, weil er annimmt, durch seine Flucht aus Korinth dem ersten Teil des Orakelspruchs (Vatermord) entgangen zu sein. Die Rückkehr nach Theben lehnt er jedoch mit Blick auf den zweiten Teil des Orakelspruchs (Inzest) ab. Erst dies veranlasst den Boten aus Korinth, der Ödipus seine Furcht nehmen will, ihm mitzuteilen, dass Polybos und Merope nicht seine leiblichen Eltern seien, sondern ihn an Sohnes Statt angenommen hätten.

Aus dem Versuch der Rettung entsteht Tragik

So wird sein Weg, dem Unglück zu entgehen, der Weg von Korinth fort, zum (auch im ganz wörtlichen Sinne) Weg, auf dem er dem Untergang entgegengeht (Tötung Laios' an der Wegscheide/der Weg führt ihn weiter nach Theben, auf den Königsthron und ins Bett seiner Mutter). Aus dem Versuch der Rettung wird sein Untergang und erwächst seine Tragik!

Ödipus ist in eine Konstellation gestellt, deren Konfliktpotenzial sich gerade dadurch entfaltet, dass er nach einer Lösung sucht. Diese Lösung aber kann es nicht geben, weil das Haus der Labdakiden mit dem Fluch des Untergangs belegt ist (der Fluch wird sich mit dem Tod Antigones erfüllen) und seine Vernichtung an seine Existenz (nicht an seinen Willen) gebunden ist.

Ödipus ist kein Schicksalsdrama

Aus dieser Grundsituation kann aber gleichwohl nicht abgeleitet werden, dass es sich bei der Tragödie *König Ödipus* um ein Schicksalsdrama handelt, das einen unter einem Schicksalszwang stehenden Menschen zeigt und damit einem fatalistischen Schicksalsglauben Vorschub leistet. Einen solchen fatalistischen Schicksalsglauben kennen die Griechen des 5. Jahrhunderts nicht.

Sophokles zeigt deshalb im Drama auch nicht Ödipus' Verbrechen, diese setzt er einfach voraus, sondern ihre Enthüllung, vom Täter Ödipus selbst vorangetrieben. Besetzt ist er dabei von einem *Daimon*, der Ödipus dennoch Handlungsfreiheit lässt.[44]

Orakel und Freiheit der Entscheidung

Die (für uns heute vielleicht eigentümliche) Paradoxie besteht genau darin, dass sich Ödipus in einer Schwebelage befindet. Einerseits steht er unter dem Spruch des Orakels; andererseits aber ist er frei in allen Entscheidungen und Handlungen. Mehrfach, so etwa durch Iokaste, wird er dazu aufgefordert, die Untersuchung nicht weiterzuführen („Was schert es, von wem er sprach? Beacht es nicht! Und grüble nicht über das Gesagte sinnlos nach. (...) Nicht ... erforsche dies!", *KÖ*, V. 1056 ff., S. 47). Doch immer wieder ist es Ödipus, der

---

[44] siehe V. 1327 ff.

den verworrenen Knoten weiter entwirren will, der den Dingen auf den Grund geht. Er löst das Rätsel selbst, lichtet das Dunkel, kommt vom Schein zum Sein. Mit der Entdeckung der Wahrheit (Lösung des Rätsels) geht seine Vernichtung einher, aber auch umgekehrt: Im Moment seiner Vernichtung kommt Ödipus bei sich selbst an, er wird zum Wissenden und Sehenden.

Schuld und Unglück

Damit ist aber zugleich die Frage nach Ödipus' Schuld aufgeworfen. Bezeichnenderweise wendet Ödipus, nachdem die ganze Wahrheit über ihn hereingebrochen ist und er sich geblendet hat, auf sich selbst nicht den Begriff der Schuld an; er bezeichnet sich als „Unglücklicher" und greift damit den Begriff auf, mit dem ihn auch der Chor belegte („Weh, weh, Unglücklicher!", *KÖ*, V. 1301–1308, S. 58). Der Vorwurf der Schuld wird ihm von keiner Seite gemacht, auch nicht von Kreon, der Ödipus allerdings darin zustimmt, dass er den Göttern ganz verhasst sei (vergl. *KÖ*, V. 1518 ff., S. 66). Kreon und der Chor klagen Ödipus noch nicht einmal direkt an, sondern Ödipus führt die Klage gegen sich selbst.

Schuld und Unrecht

Die Unschuldsvermutung lässt sich auch stützen durch einen Blick in Sophokles' *Ödipus auf Kolonos*. In mehreren Passagen betont Ödipus hier seine Schuldlosigkeit, so etwa, wenn er sagt: „Schlimmstes lud ich auf mich, ihr Fremden, lud es auf mich wider Willen,/Gott soll es wissen:/Nichts von dem war selber gewählt."(*Ödipus auf Kolonos*, V. 521 ff.)
Anzuwenden ist auf Ödipus nicht der Begriff „Schuld", sondern der Begriff **„hamartía"**, was eine gleichermaßen furchtbare wie befleckende Handlung ohne subjektive Schuld meint. Ödipus hat „Furchtbares getan" (*KÖ*, V. 1327, S. 59). Dieses Unrecht, der Vatermord und der Verstoß gegen das Inzest-

tabu, lassen Ödipus an sich selbst verzweifeln und führen ihn, im Moment der Erkenntnis seiner Taten, zu dem Entschluss, sich zu blenden (siehe *KÖ*, V. 1181 f., S. 53).

Die Götter und der Mensch Ödipus

Die Götter sind im Drama, im Handeln und im Denken seiner Figuren, stets gegenwärtig. Gleich zu Beginn, in der Regieanweisung des Nebentextes, heißt es, dass Thebaner ihre Öl- und Lorbeerzweige auf den Apollon-Altären vor Ödipus' Palast ablegen, um dann auf den Stufen der Altäre zu lagern. Und der Priester weist im Anfangsdialog mit Ödipus darauf hin, dass ein anderer Teil des Volkes vor den beiden Tempeln der Athene (Athena Onka/Athena Kadmeia) sowie dem Tempel des Apollon (Apollon Ismenios, an den Quellen des Ismenos gelegen) Platz genommen habe. Der Chor ruft bei seinem Einzug (Parodos) Zeus, Athene, Apollon und Artemis an und bittet um Hilfe. Iokaste opfert am Altar des Apollon (3. Epeisodion). Und Ares ist gegenwärtig durch die Pest, personifiziert als der „feuertragende Gott" durch den Priester (vergl. *KÖ*, Vers 27–29), aber auch direkt benannt durch den Chor im „Parodos"(vergl. *KÖ*, V. 185 ff.). Und Ödipus selbst hat Kreon (noch vor Beginn der Bühnenhandlung) zum Orakel des Apollon gesandt, um dort Rat einzuholen.

Präsenz der Götter

Dieser Orakelspruch, der mehr eine Anordnung bzw. ein Befehl ist („es befiehlt uns Phoibos klar", *KÖ*, V. 96, S. 7) wird gleichsam zum Antriebsmoment aller Handlungen des Ödipus, kommt Kreon doch mit der Nachricht zurück, der Mörder Laios' müsse gefunden werden, um die Pest von der Stadt abzuwenden. Beschränkt auf den Auftrag, den Mörder zu suchen, führt dieses dritte Orakel aber dazu, dass Ödipus auf der Suche nach dem

Orakelsprüche

Mörder entdecken muss, dass sich die beiden anderen, vor langer Zeit an Laios und Iokaste sowie an ihn selbst ergangenen Orakelsprüche erfüllt haben. Aus der (scheinbaren) Beschränkung des dritten Orakels (Suche nach dem Mörder) erwächst die Einsicht in die umfassende Wahrheit.
Im Zusammenhang damit ist auch zu sehen, dass Teiresias im Dialog mit Ödipus diesen zwar Mörder des Laios nennt, ihm aber nicht direkt offenbart, dass er mit Laios seinen Vater erschlagen und mit seiner Mutter Kinder gezeugt hat. Er setzt Ödipus lediglich auf die Spur, nach seiner Herkunft zu forschen, macht Andeutungen über seine Eltern, prophezeit ihm sogar seine Zukunft, spricht Vatermord und Inzest an, tut dies aber so, als spräche er über eine dritte Person:
„Ich sag dir aber, dieser Mann, den lang du suchst, drohend und ausrufend den Mord an Laios: Der Mann ist hier.“ (*KÖ*, V. 449–451, S. 21).

Erkenntnis und Selbsterkenntnis

Ödipus muss den Prozess der Erkenntnis und Selbsterkenntnis aus eigener Kraft und mit eigenem Tun durchlaufen; damit muss er auch erkennen, dass sein menschlicher Verstand nichtig ist angesichts der Weisheit des Teiresias, aus dem die Allmacht der Götter in den Worten Apollons spricht. Auf seinen menschlichen Verstand beruft sich Ödipus im Dialog mit Teiresias unter Verweis darauf, dass das Rätsel der Sphinx gelöst und die Stadt Theben vom Unheil bereits einmal befreit habe. Aber dieser Verstand verleitet ihn dazu, nur die Oberfläche der Dinge zu sehen und ein gegen sich gerichtetes Komplott von Kreon und Teiresias zu vermuten. Verstand ist aber nicht Wissen im umfassenden Sinne; deshalb reagiert Teiresias auf die Anwürfe von Ödipus mit dem Satz:
„Du hast zwar Augen und siehst doch nicht, wie tief du steckst im Übel.“ (*KÖ*, V. 413 f., S. 20)

Erst am Ende des Untersuchungsprozesses, als Ödipus Einsicht gewinnt, also in sich hineinsieht, überbrückt er den Gegensatz von Verstand und Wissen, befindet er sich wieder im Einklang mit Apollon, erkennt der große und mächtige König seine Nichtigkeit und wird so zum Exempel für die Existenz des Menschen überhaupt.

Ödipus im Einklang mit Apollon

„*Was das Ödipus-Drama an einem Beispiel von extremer Schärfe hinstellt, das ist das, was die Franzosen in ihrer Sprache glücklich als „condition humaine' bezeichnen, das heißt, jene ausgesetzte, in nichts geschützte Lage, in welcher der Mensch nun einmal Mensch ist. In dieser Hinsicht ist der ‚König Ödipus' des Sophokles nichts Geringeres als die Tragödie des Menschen überhaupt, ein bewegendes ecce homo, das uns noch heute genau so wie vor fast dreitausend Jahren angeht, insofern es uns als Menschen an unser Menschlichstes gemahnt – an jenes gnóthi sautón, ‚Erkenne dich!', das der Gott Apollon jedem zurief, der seinen Tempel in Delphi betrat: ‚Erkenne dich!', nämlich: ‚erkenne, dass du ein sterblicher Mensch und vor Gott nur Mensch bist, und dass du in all der scheinbaren Sicherheit deines Wohlstandes eines Tages vielleicht vor dir selbst (wenn auch in verkleinertem Maßstab) als ein Ödipus an den Tag kommen kannst!'*“[45]

---

[45] W. Schadewaldt, *Der König Ödipus in neuerer Deutung*, S. 475

Krankheit und Reinigung

Krankheitsmetaphorik

Theben wird zu Beginn des Dramas als „kranke" Stadt gezeichnet. Bei der Beschreibung der Situation, in der sich Theben befindet, wird die Rede des Priesters durch Krankheitsmetaphorik bestimmt: Die Felder siechen hin, die Herden siechen hin, die Frauen sind unfruchtbar geworden. Und über allem lagert die Pest (vergl. *KÖ*, V. 25 ff., S. 5). Diese Krankheitsmetaphorik greift auch Ödipus auf, wenn er, in Antwort auf den Priester, davon spricht, dass die Stadt „krankt" und er mit ihr „krankt", dass die „Schmerzen" jedes einzelnen Thebaners seine Seele bedrückt und ihn um den Schlaf brächten (vergl. *KÖ*, V. 58 ff., S. 6). Ödipus spricht nicht nur als König zu seinen Thebanern, sondern gleichsam als Arzt. Er hat Kreon zum Orakel geschickt, um einen Weg der „Heilung" (ebenda) zu finden. Als Kreon zurückkehrt und Ödipus den Orakelspruch mitteilt, kommt der von Ödipus verwendete Begriff der „Reinigung" ins Spiel (*KÖ*, V. 99, S. 7).

Reinigung

Diesen „Reinigungsprozess" vollzieht Ödipus, indem er – auf der Ebene der Recherche und des kriminalistischen Untersuchungsverfahrens – als Ankläger, Untersuchungsrichter, Richter und (Selbst-)Ausführender seiner eigenen Befleckung auf die Spur kommt und die zuvor verkündete Strafe auf sich selbst angewandt wissen will. Auf der Suche nach dem Mörder muss er entdecken, dass er selbst der Krankheitsherd ist und dass die Götter ihn nun als „Unreinen" ans Licht gebracht haben (vergl. *KÖ*, V. 1383 ff., S. 60). Dieser Reinigungsprozess vollzieht sich dadurch, dass Ödipus die Ebene der oberflächlichen Erscheinungen durchstößt und zum Kern vordringt, indem er erkennt, dass die äußere Hülle (seine Macht, sein Ansehen, sein Königtum) einen befleckten Kern umgeben hat:

„O Polybos und Korinth und ihr vermeintlich väterlichen, uralten Häuser, welch eine Herrlichkeit, darunter von Übeln eiternd, zogt ihr auf in mir!" (*KÖ*, V. 1394 ff., S. 61).

Durch den von Ödipus mit bitterer Konsequenz durchgeführten Untersuchungsprozess kommt die Wahrheit ans Licht; und durch die Wahrheit kommt erst der „wahre" Ödipus zum Vorschein. Diesen Prozess der Untersuchung und Reinigung, das Herauskommen des „wahren" Ödipus also, bringt Sophokles auch dramaturgisch zum Ausdruck. Zu Beginn des Dramas tritt Ödipus aus dem Palast, ganz mächtiger Herrscher und König; das Volk lagert auf den Stufen der Altäre vor seinem Palast. Ödipus blickt auf die Menschen als Helfer. Sein letzter Auftritt ist von ganz anderer Art. Von Dienern gestützt und blutüberströmt tritt er nun aus dem Palast; nicht er hat das erste Wort bei diesem Auftritt (ganz im Gegensatz zum Beginn des Dramas), sondern der Chor („O Leid! Furchtbar für Menschen zu sehn (...)", *KÖ*, V. 1297, S. 57). Der gebrochene und blinde Ödipus, der da herauskommt, ist zugleich bei sich angekommen.

Wahrheit und Reinigung

Zu beachten ist in diesem Zusammenhang auch das geschickte „Timing". Sophokles lässt das Drama, wie es in der Regieanweisung zu Beginn heißt, am „frühen Morgen" einsetzen. Der geblendete und blutüberströmte Ödipus tritt also gegen Mittag aus dem Palast; er steht jetzt folglich im hellsten Sonnenlicht; er wird, wie es das von den natürlichen Lichtverhältnissen abhängige Theaterspiel im Athen des 5. Jahrhunderts nicht besser leisten könnte, von der Sonne vollends be-, aber auch ausgeleuchtet, und dies nach dem zuvor (vor seiner Selbstblendung, aber nach der Erkenntnis seiner Befleckung) von ihm gesagten Satz: „O Licht, zum letzten Mal will ich dich schauen jetzt."(*KÖ*,

Ödipus' letzter Auftritt

V. 1183, S. 53) Das Licht offenbart den Gebrochenen; aber gleichzeitig hebt das Licht ihn auch hervor.
Denn je tiefer Ödipus eindringt in das Rätsel seiner Herkunft, desto weiter entfernt er sich von dem Schein, in dem er gelebt hat, umso größer wird aber seine Nähe zu Apollon, der der Gott der Wahrheit und zugleich der Reinheit ist. Daraus ergibt sich das Paradoxon, dass Ödipus, auf dem Tiefpunkt angekommen, weil seine Befleckung entdeckt ist, die Nähe zu Apollon wiederherstellt, weil sich des Gottes Wille an ihm vollzieht und Ödipus zugleich Vollstrecker dieses Willens an sich selbst ist. Aufmerksam gemacht werden soll in diesem Zusammenhang auf einen Punkt: Ödipus, bereits geblendet, verlangt von Kreon, dem Orakelspruch Folge zu leisten und ihn, den Vatermörder, zu töten. Kreon aber weist dieses Ansinnen zurück. Er will zunächst erneuten Rat einholen. Auf Ödipus' Frage „So wollt um den verlornen Mann ihr noch weiter euch erkundigen?“, antwortet er mit dem Satz: „Ja, denn auch du wirst jetzt dem Gotte wohl Vertrauen schenken!“ (*KÖ*, V. 1445) Wenn Kreon hier eine „Revision“ des Orakelspruchs für möglich hält, dann macht dies deutlich, dass es im „Fall Ödipus“ nicht auf die strafrechtliche Sanktionierung ankommt (der Vatermörder wird getötet), sondern dass der Prozess der Reinigung im Vordergrund steht, der mit dem Vertrauen in Apollon, wie von Kreon angesprochen, einhergeht. Tragik und Größe fallen in diesem Moment in eins.

3. Themen und Aufgaben

1) Thema: Aufbau und Kompositionsstruktur	**Lösungstipps** *(Kapitel dieser Erläuterung)*
▶ Vergleichen Sie Ödipus' Auftritt im Prologos und im Exodus! Berücksichtigen Sie dabei auch die Hinweise im Nebentext!	*2.3/2.4/2.7*
▶ Zeigen Sie begründet auf, dass sich die Wahrheitsfindung Ödipus' in vier großen Schritten vollzieht!	*2.3/5.*
▶ Analysieren Sie das 4. Epeisodion (V. 1117 ff.) hinsichtlich der hier offenbarten Handlungsvoraussetzungen!	*2.2/2.3*

2) Thema: Sprache – Stil – Dialogführung	
▶ Analysieren Sie den Dialog zwischen Ödipus und Teiresias (ab Vers 300) unter besonderer Berücksichtigung der Dialogführung!	*2.4/2.6*
▶ Analysieren Sie die Verwendung des Blindheits- und Krankheitsmotivs am Beispiel des Kommos! (ab Vers 1297)	*2.6/5.*

3) Thema: Verbrechen und Schuld	
▶ Fertigen Sie auf der Grundlage des Textes eine möglichst exakte Tatortskizze über das Geschehen am Dreiweg an! (Mord an Laios)	*Text*
▶ Nehmen Sie dazu Stellung, ob Ödipus sich durch die Tötung seines Vaters nach heutigen Maßstäben des Mordes schuldig gemacht hat!	*2.7/5. und Strafgesetzbuch (§ Mord/Totschlag)*

4. Rezeptionsgeschichte

„ – ich sitze im Speisewagen, trinke Steinhäger und blicke zum Fenster hinaus, ich weine nicht, ich möchte bloß nicht mehr da sein, nirgends sein. Wozu auch zum Fenster hinausblicken? Ich habe nichts mehr zu sehen. Ihre zwei Hände, die es nirgends mehr gibt, ihre Bewegung, wenn sie das Haar in den Nacken wirft oder sich kämmt, ihre Zähne, ihre Lippen, ihre Augen, die es nirgends mehr gibt, ihre Stirn: wo soll ich sie suchen? Ich möchte bloß, ich wäre nie gewesen. Wozu eigentlich nach Zürich? Wozu nach Athen? Ich sitze im Speisewagen und denke: Warum nicht diese zwei Gabeln nehmen, sie aufrichten in meinen Fäusten und mein Gesicht fallen lassen, um die Augen loszuwerden?“[46]

„Tomas hörte das Geschrei der Kommunisten, die ihre innere Reinheit verteidigten, und sagte sich: Eure Unwissenheit ist schuld daran, dass dieses Land, vielleicht für Jahrhunderte seine Freiheit verloren hat, und ihr schreit, ihr fühlt euch unschuldig? Wie ist es möglich, dass ihr euch das mit ansehen könnt? Wie ist es möglich, dass ihr nicht entsetzt seid? Könnt ihr überhaupt sehen? Hättet ihr Augen, so müsstet ihr sie euch ausstechen und Theben verlassen.“[47]

Nachwirkungen des *Ödipus*-Dramas

Diese zwei Textauszüge sind Beispiele für die Nachwirkungen des *Ödipus*-Dramas in der europäischen Literatur des 20. Jahrhunderts. Max Frisch übernimmt in seinem 1957 entstanden Werk *Homo Faber* nicht nur die Thematik der (unwissenden und unbeabsichtigten) Verstrickung in Schuld (wie Ödipus unwissend mit seiner Mutter schläft, so tut dies Faber,

46 Max Frisch, *Homo Faber*. Ein Bericht, München 1977, S. 192
47 Milan Kundera, *Die unerträgliche Leichtigkeit des Seins*, München 1984, S. 169

der Erzähler bei Frisch, mit seiner Tochter, beide verstoßen also gegen das Inzesttabu), sondern auch das Motiv der Blendung, wenngleich auch nur in Form der Andeutung.[48]
Der tschechische Autor Milan Kundera wendet in seinem Roman *Die unerträgliche Leichtigkeit des Seins* (1984) das Schuld-Motiv ins Politische. Sein Roman, in der Zeit um den so genannten „Prager Frühling" und die Niederschlagung der Reformbemühungen angesiedelt, fragt nach der Verantwortung der kommunistischen Elite für die Opfer von Diktatur und Staatsterror und misst das mangelnde Unrechtsbewusstsein der Verantwortlichen an dem Schuldeingeständnis von Ödipus. War dieser tatsächlich unwissend, so fördert er seine Verstrickung in Schuld unerbittlich gegen sich selbst ans Licht und nimmt diese Schuld auf sich. Den kommunistischen Machthabern ist ihre (angebliche) Unwissenheit ein Exkulpierungsargument, das, im Vergleich zu Ödipus, ihren Opportunismus nur um so stärker ans Licht treten lässt.

Ödipus als Muster der Gattung Tragödie

Max Frisch und Milan Kundera stellen sich mit ihren Texten und den Verweisen auf das Drama *König Ödipus* in eine literaturgeschichtliche Tradition, die Rezeption des Dramas von Sophokles, und aktualisieren es, jeder auf seine Weise. Sie rufen damit zugleich die Gedanken- und Ideenwelt der griechischen Antike zur Zeit des Sophokles herauf, setzen sie als bekannt voraus und holen sie in die Gegenwart. Die Wertschätzung des Dramas *König Ödipus* ist seit Aristoteles ungebrochen. Sophokles' *König Ödipus* gilt durchweg als „Muster" der Gattung Tragödie. Schadewaldt etwa schreibt:

---

[48] Zu weiteren Parallelen im Geschehen und in der Struktur und zu Anklängen in einzelnen Motiven und Handlungsorten bei Frisch und Sophokles siehe ausführlich Gerhard Friedl, *Blindheit und Selbsterkenntnis in „König Ödipus"* von Sophokles und Max Frischs *Homo Faber,* in: Der Deutschunterricht 3/1992

> *„Man muss noch darauf hinweisen, dass das Stück geradezu als* **die** *Tragödie betrachtet wurde, ähnlich zentral unter den griechischen Tragödien wie im angelsächsischen Bereich der ‚Hamlet', so dass gerade vom ‚Ödipus' her vielfach auch die Theorien über das Tragische gebildet wurden."*[49]

Norbert Zink kommt zu dem zusammenfassenden Urteil:

> *„Die äußere Form des ‚König Ödipus' ist die vollkommenste und erfolgreichste, aber auch die einfachste, weil Sophokles die lange und handlungsreiche Geschichte an einem bestimmten Punkt anpackt, nämlich da, wo Ödipus die entscheidenden Erlebnisse hinter sich hat und wo seine Selbstentlarvung beginnt. In der Aufeinanderfolge von Szenen, die alle Ödipus beherrscht, entwickeln sich das Leben und die Gewalt des Stücks."*[50]

Das Drama zählt nicht nur zu den Klassikern der Theaterliteratur überhaupt, sondern gilt als eines der bedeutendsten Dramen der Weltliteratur. Sophokles' Tragödie hat

> *„moderne Nachdichtungen erfahren und wird nach wie vor in der antiken Fassung in Theatern gespielt. Zudem hat die bedeutendste Seelenforschung unseres Jahrhunderts die Anschaulichkeit des Werkes auf eigene Weise fruchtbar gemacht, nämlich durch Sigmund Freuds psychoanalytischen Begriff des Ödipuskomplexes."*[51]

Bearbeitungen

Von den Bearbeitungen, die sich der Ödipus-Figur zuwenden, ist als erste (erhaltene) eine Tragödie **Senecas** (um 40 nach Chr.) zu nennen. Im 17. Jahrhundert bearbeitet **Corneille** den Stoff. Im zweiten Jahrzehnt unseres Jahrhunderts wendet sich **Hugo**

---

49 W. Schadewaldt, *Tübinger Vorlesungen* Bd. 4, S. 268

50 N. Zink, S. 42

51 E. Schmidhäuser, S. 100

von Hofmannsthal der Ödipus-Gestalt zu. 1930 erscheint **André Gides** *Oedipe*. **Jean Cocteaus** Ödipusbearbeitung *Oedipe Roi*, um 1925 entstanden, dient **Igor Strawinsky** als Libretto für seine Oper *Oedipus Rex* (1927 zunächst als Oratorium aufgeführt). Auf der Basis der Übersetzung von **Hölderlin** verfasst **Carl Orff** seine Opfer *Oedipus der Tyrann*.[52]

Und auch in der erzählenden Literatur (siehe die Verweise auf Kundera und Frisch zu Beginn dieses Abschnitts) findet das Drama von Sophokles seinen Nachhall.

---

52 Zu den Bearbeitungen siehe ausführlich Norbert Zink, *Sophokles: König Ödipus*, Frankfurt am Main 1997, S. 71–79

5. Materialien

In seinem Aufsatz *Sophokles und Athen* schreibt Wolfgang Schadewaldt einleitend über das Verhältnis der Athener zu ihrem Dichter Sophokles:

„Sophokles ist der Liebling Athens gewesen. Er ist es geblieben, als er über die Achtzig hinaus alterte, als neue Geschlechter nachwuchsen, als seit dem Tod des Perikles die Zeit jene unheilvolle Wendung nahm, die der Geschichtsschreiber wie der Komödiendichter als Abfall von Athens alter Art gedeutet haben. Das Volk wählte ihn in die höchsten Staatsämter. Er war Schatzmeister des Reichs, war zweimal Stratege, und saß noch in dem Notjahr nach dem Zusammenbruch der Sizilianischen Heerfahrt im obersten Rat der Probulen. Und all dies, wiewohl er nicht als praktischer Politiker hervorragte. Man kannte ihn als ‚Athener vom rechten Schlag', und man vertraute ihm.

Als Dichter wurde er gefeiert wie kein Mitbewerber. Er erhielt eine Unzahl von ersten Preisen, viele zweite, niemals den dritten. Und die Komödie, die den Euripides bis aufs Blut verfolgte, die einen Perikles nicht schonte, findet für Sophokles kaum einmal ein Wort gutmütigen Spotts. Sie rühmt seine ‚glückliche Hand' im Umgang mit Menschen und Dingen, schildert das ‚Arglose', ‚Gutartige seines Wesens'. Sophokles besaß im Leben das Geheimnis, angenehm zu sein, das das Geheimnis des Kindes und des Genies ist. (...)

Dem Sophokles schien in seinem Leben und in seiner Erscheinung sich die Liebe der Götter sichtbar zuzuneigen. Er galt als ‚Götterliebling' – was nicht dadurch angefochten wird, dass dem Dichter des ‚Ödipus' das Leid so wenig fremd war wie nur einem Menschen. Man sprach in Athen auf Plätzen und Gassen von des

‚Sophokles Glück', und man meinte damit nicht nur das äußere Wohlergehen und das innere Wohlbefinden einer ‚harmonisch' abgeklärten Seele. Man meinte, fern von solcher Verflachung, das Wunder eines Menschen, der sichtlich ‚vom guten Geist geführt' (...) unter den andern wandelt."

(Wolfgang Schadewaldt, *Hellas und Hesperien*, S. 370–372)

Die Anlage der Ödipus-Tragödie als analytisches Drama legt Bezüge zur Detektivliteratur nahe. Mit der unterschiedlichen Bedeutung der Vernunft und ihrer Rolle in der Detektivliteratur und im Drama *König Ödipus* befasst sich Claus Reinert:

„Wird in der trivialen Detektivgeschichte die Wirksamkeit der Vernunft aufgezeigt an der Schlüssigkeit ihres Vorgehens, so dass demgegenüber das Aufklärungsziel in seiner Werthaftigkeit nebensächlich wird und nur als Rätsel und solange es Rätsel ist interessiert, nicht eigentlich als Lösung, so misst SOPHOKLES die Wirksamkeit der Vernunft ständig an der Qualität dessen, was sie bewirkt; dadurch rückt die Werthaftigkeit des Aufklärungszieles, also die Lösung als neue Erkenntnis, in den Mittelpunkt eines dauerhaften Interesses, während der Rätselcharakter des Aufklärungszieles entwertet wird. Deswegen, und keineswegs nur, weil seine Griechen den Ausgang der Handlung ohnehin kannten, konnte SOPHOKLES es sich leisten, für den Zuschauer das Rätsel des Kriminalfalles sehr schnell zu lüften; er wollte Raum gewinnen für die Gestaltung der Aufklärungsproblematik und der Fragwürdigkeit der sie tragenden menschlichen Vernunft. Das aber ist kein Rätsel, einer Denksportaufgabe mit beigegebener Lösung vergleichbar, sondern eines, das den Zuschauer unmittelbar angeht und ihn

nötigt, das Denken zu denken, ohne jede Gewähr auf eine beruhigende Lösung. Eben dadurch ist bei SOPHOKLES auf einer höheren Ebene die Rätselhaftigkeit nicht nur voll wiederhergestellt, sondern zu existenzieller Bedeutung radikalisiert. Der Leser einer Detektivgeschichte rezipiert das Erzählte gespannt, aber vom Erzählten unbetroffen gewissermaßen von außen; SOPHOKLES geleitet allmählich seinen Rezipienten mitten in das Rätsel hinein und entlässt ihn am Ende zu eigener Aufklärungsarbeit."

(Claus Reinert, S. 29)

Auch Eberhard Schmidhäuser sieht in *König Ödipus* Elemente der Kriminalliteratur, betont aber zugleich, dass die Tragödie weit darüber hinausgreift. Einen Markierungspunkt setzt er an der Stelle im Drama an, die mit Ödipus' Erkenntnis und Selbsterkenntnis einhergeht:

„Ödipus hat als Wahrheitssucher die Wahrheit gegen sich selbst aufgedeckt. Als Richter muss er jetzt die Verfluchung des Mörders an sich selbst vollziehen und als Arzt muss er die Stadt heilen, indem er sie von der Blutschuld befreit und sich selbst verbannt.
Damit ist die erste Detektiv-Geschichte der Weltliteratur zu Ende, nicht aber schon die Tragödie. Der Hausdiener berichtet das weitere Geschehen: Ödipus stürzt ins Haus, fordert ein Schwert, fragt nach Iokaste, sprengt eine Doppeltür, findet seine Mutter und Gattin erhängt, löst den Strick, reisst zwei goldene Nadeln aus dem Gewand und sticht sich die Augen aus. Mit ungeheurer dichterischer Kraft wird so ins Bild gesetzt, was wir als Paradoxie erfassen: Ödipus hatte seine Augen und erkannte doch nicht, wie es um ihn stand; er sah und war doch blind. Teiresias hatte seine Augen nicht mehr und sah doch die Zusammenhänge; er war blind

und doch sehend. Nun aber sah Ödipus auf andere Weise und musste die täuschenden Augen zerstören; er erkannte die Wahrheit und musste sich blenden, um sie nicht mehr ‚sehen' zu müssen. (...)
Wir Menschen von heute werden uns kaum so ganz in die Geisteswelt der alten Griechen einfühlen können, dass wir Werke wie den ‚König Ödipus' wirklich adäquat erfassen. Immerhin sollten wir eine Annäherung versuchen. (...) Hier geht es nicht um schuldhaften Frevel und die von den Göttern verhängte Strafe, sondern um religiöse Kategorien. Die Unantastbarkeit der geheiligten Tabus wird erschütternd ins Bild gesetzt. Sie offenbart sich im Schicksal des Ödipus. Obwohl er sich mit allen ihm verfügbaren Mitteln bemüht, der Verwirklichung des Göttерspruchs zu entgehen, setzt sich der Ratschluss der Götter durch. Menschenmacht kann gegen die Macht der Götter nicht aufkommen. Und sie demonstrieren ihre Macht an einem schrecklichen Geschehen, an der Verletzung gerade solcher Verbote, die aller Infragestellung enthoben sind. So trifft den Ödipus in seiner Person das göttergesandte Verhängnis von unerträglicher Schande, und er erleidet die reinigende Verstoßung aus dem königlichen Stand und aus seinem eigenen Land."

(Eberhard Schmidhäuser, S. 105–109)

H. D. F. Kitto wendet sich gegen die Auffassung, man könne aus dem Ödipus-Drama einen reinen Determinismus ablesen, der darauf hinauslaufe, dass Ödipus für seinen Sünden bestraft werden müsse. Er betont demgegenüber die Rolle der Menschenzeichnung bei Sophokles und rückt exemplarisch die beiden Hirten-Figuren ins Blickfeld:

„(Sophokles) vermeidet sorgfältig die Andeutung, dass Ödipus ‚gerechterweise' für seine oder seiner Eltern Sünden bestraft wird. Natürlich hat er seine Fehler – hitziges Temperament, eine gewisse Selbstsicherheit im Urteil –, aber sie werden weit übertroffen von seinen guten Eigenschaften. Bei dem entscheidenden Zusammenstoß am Kreuzweg war er nicht die Ursache, sondern das Opfer der Aggression. Wir können sogar weitergehen. Die Kommentatoren neigen dazu, ihr Augenmerk nur auf Ödipus zu richten. Er ist der tragische Held, und der Rest des Dramas ist nur das nötige Beiwerk. Sophokles dachte nicht so. Er gibt sich z. B. große Mühe mit seinen zwei Schäfern. Sie sind auf ihrer Ebene genauso lebendig gezeichnet wie Ödipus selber, und (was wichtiger ist) das Leben behandelt sie auf dieselbe Weise, obwohl natürlich nicht so unmenschlich wie Ödipus. Sophokles zeigt uns, wie diese beiden Menschen aus purer Menschlichkeit etwas taten und etwas Schreckliches vermieden. Er zeigt uns, was dabei herauskommt, nicht nur für Ödipus, sondern auch für sie selber. Man kann einen von Sophokles' tief schürfenden Kommentaren über das Leben in diesem Stück übersehen, weil er ihn (...) mit Mitteln der Anschauung, nicht mit Worten gibt. Nachdem das Entsetzliche ans Licht gebracht ist, müssen diese zwei Männer einen langen Abgang hinter sich bringen, 30 Meter Abgang, durchgeführt von zwei Männern, die entsetzt sind von dem schrecklichen Ausgang einer Tat der Barmherzigkeit. Einer von ihnen hat jahrelang in Angst

gelebt, und doch hatte er nicht gewusst, wie viel zu befürchten war. Der andere kam vor einer halben Stunden mit so strahlenden Hoffnungen, nun aber wankt er hinaus, ein gebrochener Mann."

(H. D. F. Kitto, zitiert nach Diller, S. 72 f.)

Literatur

Ausgaben

Sophokles: *König Ödipus.* (Übersetzung und Nachwort von Kurt Steinmann) Stuttgart: Reclam-Universalbibliothek 630, 1989.
(Nach dieser Ausgabe wird zitiert.)

Sophokles: *Antigone.* (Übersetzung von Heinrich Weinstock) Materialien ausgewählt und eingeleitet von Hans-Dieter Reeker, Editionen für den Literaturunterricht (Hg. Dietrich Steinbach), Stuttgart: Klett Verlag, 1994.

Sophokles: *Ödipus auf Kolonos.* (Übersetzung, Anmerkungen und Nachwort von Kurt Steinmann) Stuttgart: Reclam-Universalbibliothek 641, 1996.

Lernhilfen und Kommentare für Schüler

Zink, Norbert: *Sophokles, König Ödipus.* Frankfurt am Main 1997 (Grundlagen und Gedanken zum Verständnis des Dramas).
(Der Band enthält Hinweise zur griechischen Tragödie, bietet Informationen zur Entstehung und zum Aufbau des Dramas, zur Gestaltung der Figuren sowie szenische Kommentare und einen Materialienteil; in einigen Passagen werden lediglich Zitate aneinander gereiht.)

Sekundärliteratur

Aristoteles: *Poetik* (Griechisch/Deutsch). herausgegeben und übersetzt von Manfred Fuhrmann, Stuttgart 1982.

Blume, Horst-Dieter: *Einführung in das aktive Theaterwesen.* Darmstadt: Wissenschaftliche Buchgesellschaft, 1984.

Diller, Hans (Hg.): *Sophokles.* Wege der Forschung Bd. 95, Darmstadt 1967.

Latacz, Joachim: *Einführung in die griechische Tragödie.* Göttingen 1993.

Lesky, Albin: *Geschichte der griechischen Literatur.* Bern 1971.

Nickau, Klaus: *Sophokles: König Ödipus.* In: Ein Text und ein Leser. Hrsg. von Wilfried Barner. Göttingen: Wallsteinverlag, 1994.

Pfeiffer-Petersen, Sabine: *Konfliktstichomythien bei Sophokles.* Serta Graeca, Beiträge zur Erforschung griechischer Texte Bd. 5, Wiesbaden 1996.

Reinert, Klaus: *Detektivliteratur bei Sophokles, Schiller und Kleist.* Kronberg/Ts. 1975.

Reinhardt, Karl: *Sophokles.* Frankfurt am Main 1976.

Schadewaldt, Wolfgang: *Die griechische Tragödie.* Tübinger Vorlesungen Bd. 4, Frankfurt am Main 1991.

Schadewaldt, Wolfgang: *Hellas und Hesperien.* Gesammelte Schriften zur Antike und zur neueren Literatur in zwei Bänden, Bd. 1, Zürich 1970.
(Für Literaturwissenschaftler und an Literaturgeschichte Interessierte ein „Muss".)

Schadewaldt, Wolfgang: *Die Anfänge der Philosophie bei den Griechen.* Frankfurt am Main 1979.

Seeck, Gustav Adolf (Hg.): *Das griechische Drama.* Darmstadt: Wissenschaftliche Buchgesellschaft, 1979.

Schmidhäuser, Eberhard: *Verbrechen und Strafe. Ein Streifzug durch die Weltliteratur von Sophokles bis Dürrenmatt.* München 1996.
(Ein Jurist beleuchtet Werke der Weltliteratur unter den im Titel genannten Aspekten von „Verbrechen und Strafe".)

Sonstige Literatur

Bengtson, Hermann (Hg.): *Griechen und Perser. Die Mittelmeerwelt im Altertum.* Bd. 1, Frankfurt am Main 1976.

Fränkel, Hermann: *Dichtung und Philosophie des frühen Griechentums.* München 1962.

Grant, Michael: *Mittelmeerkulturen in der Antike.* München 1984.

Jones, Constance: *Die letzte Reise. Eine Kulturgeschichte des Todes.* München 1999.

Mayer, Hans: *Außenseiter.* Frankfurt am Main 1981.

Neis, Edgar: *Das Drama.* Hollfeld 1980.

Nietzsche, Friedrich: *Die fröhliche Wissenschaft.* Leipzig 1990.

Rose, Herbert J.: *Griechische Mythologie. Ein Handbuch.* München 1988.
(Das mehrere hundert Seiten starke „Handbuch" führt umfassend und durchaus auch spannend in die griechische Mythologie ein, wobei auch Varianten einzelner Sagen und mythischer Stoffe präsentiert werden.)

Staehle, Ulrich (Hg.): *Theorie des Dramas.* Stuttgart 1978.

Internet

www.zum.de/ZUM/Faecher/D/Saar/gym/oedipus.htm
(bietet eine Biografie, Informationen zum Text und Vorschläge für die Behandlung im Unterricht)

Bitte melden Sie dem Verlag „tote“ Links!

BANGE
Lernhilfen
Wie interpretiere ich Lyrik?
Deutsch